Reihe Urlaub & Freizeit

W0236542

Bisher sind erschienen:

Kanu/Kajak/Faltboot
Die schönsten Bootsreviere
Wasserski
Windsurfing (Grundlagen)
Tauchen mit Grundausrüstung

Tischtennis (Grundlagen)
Tischtennis (Technik und Taktik)
Traumreviere für Sportfischer
Sportfischen im Meer
Ponyreiten
Das Pony als Hausgenosse
Bergwandern
Bergsteigen

Camping-Kochbuch
Der Caravan
Bis der Arzt kommt
111 Spiele bei Regen
101 Spiele draußen
Freizeit-Fotografie
Schach
Urlaub mit dem Zelt
Wandern unter der Mitternachtssonne

Skilauf in der Loipe
Skilauf auf der Piste
Skilauf jenseits der Pisten
Trickskilauf (Grundlagen)

Weitere Titel in Vorbereitung

Das alpine Notsignal

*Wer im Gebirge Hilfe braucht, muß das alpine
Notsignal kennen. Denn nur dieses wird bei der
Vielzahl von sonstigen Rufen und auffälligen
Bewegungen deutlich er- und anerkannt.
Und nur auf dieses Zeichen hin werden alpine
Rettungsmaßnahmen eingeleitet. Deshalb
steht eine genaue Anweisung auf jedem
Mitgliedsausweis des Alpenvereins:*

*Innerhalb einer Minute sechs Mal mit gleichen
Zeitabständen (dazwischen von 21–30 zählen!)
ein gleiches Zeichen geben, akustisch durch
lauten Vokal oder Pfeifen bzw. optisch durch
kreisförmiges Winken mit Kleidungsstück in
auffallender Farbe, durch Licht oder Rauch.
Nach einer vollen Minute Pause gleichartig
wiederholen, wieder 1 Minute Pause einlegen
usw., bis Antwort kommt.*

*Die Antwort: nur drei Signale in einer Minute
mit je einer Minute Pause dazwischen. Als
Antwort eignen sich langgezogene »Buuuh«-Rufe
durch die trichterförmig vor den Mund
gehaltenen Hände.*

*Bei nächtlichen Unfallhilfen sind auch nach dem
Erkennen der Antwort von Zeit zu Zeit weitere
optische Richtungszeichen von der Unfallstelle an die
Rettungsmannschaft notwendig.*

Helmut Dumler

Bergwandern

Froh in die Berge — gesund zurück

Mit 47 Zeichnungen und Fotos

Bussesche Verlagshandlung GmbH · Herford

Zeichnungen von Karl Bedal

ISBN 3-87120-631-8
Lektorat: Dr. Gerhard Pauli
Einbandgestaltung: Ernst A. Eberhard
Umschlagfoto: Dr. Gerhard Pauli
Fotos: Dumler, Moes, Pauli/Anthony
Satz und Druck: Hain-Druck KG, Meisenheim/Glan
Buchbinderische Verarbeitung: Hunke & Schröder, Iserlohn
Printed in Germany

Inhalt

Zurück zur Natur

Das Wandern ist nicht nur Freizeitbeschäftigung oder Körperertüchtigung, wie es früher einmal hieß – Wandern ist ein Zustand, ein Unterwegssein draußen in der Natur, in einer weitgehend ursprünglichen Landschaft voller Großartigkeit. Der leidenschaftliche Aufruf »Zurück zur Natur« des Franzosen Jean Jacques Rousseau, der in der zweiten Hälfte des 18. Jahrhunderts den Gefühlsstandpunkt der Romantik vorbereitete, ist heute zeitgerechter denn je: Hektik in nahezu sämtlichen Lebensbereichen, vielerorts unmenschliches Wohnen sowie eine zunehmend lebensfeindliche Umwelt drängen von Jahr zu Jahr mehr Leute in die Alpen.

Unter den Bergwanderern gibt es offensichtlich *keine Altersgrenzen.* Schon mit Kleinkindern sind kurze Spaziergänge ein großer Spaß. Wer als Erwachsener seine Familie in die Berge führt, sobald der Nachwuchs größer geworden ist, wird eine tiefe Befriedigung verspüren, weil er sieht und fühlt, wie leicht sich die Kinder in die Bergwelt einfügen. Dazu kommt ein hoher gesundheitlicher Wert: Der Kreislauf wird angeregt und dadurch auch die Herzfunktion gestärkt, der reine Sauerstoff belebt den ganzen Organismus. Ruhe, Stille und Abgeschiedenheit der Berge sind eine wahre Wohltat für jeden Großstadtmenschen. Das sind auch Argumente für ältere Leute, die Berge aufzusuchen. Es gibt nämlich kein Medikament, das einen wirksameren Jungbrunnen garantieren könnte.

Das Leben und das Bewegen in einer Gebirgslandschaft sind erlernbar. Das soll dieses Büchlein unterstreichen; denn das Bergwandern ist kein Buch mit sieben Siegeln. Eine ideale Vorbereitung für Bergtouren können Mittelgebirgswanderungen sein. Dadurch ist

Abb. 1   Bergwandern – unterwegs in einer ursprünglichen Landschaft

eine behutsame Annäherung möglich, sozusagen schrittweise im wahren Sinn des Wortes. Denn: Alpine Touren stellen in weit höherem Maße Anforderungen an Körper und Geist. Die scheinbar harmlose Bergwanderung wird bei einem Wettersturz und in mangelhafter Ausrüstung gefährlich. Deshalb sollte jeder Neuling in den Bergen die folgende Mahnung sehr ernst nehmen:

Es gibt keinen sogenannten »leichten« Berg; jeder Berg kann für den Menschen gefährlich werden!

Bergwandern – Bergsteigen. Sind das zwei verschiedene Betätigungen? Grundsätzlich nicht. Bergwanderer sind gleichzeitig auch Bergsteiger; denn Bergsteigen ist, wie das Wort ganz deutlich erkennen läßt, ein Steigen am Berg. Im Rahmen dieser Buchreihe wird allerdings das Bergsteigen aus Gründen der Übersicht und Methodik in Bergwandern und Bergsteigen aufgeteilt und abgegrenzt.

Ausgangspunkt und Voraussetzung für jede Art des Alpinismus (bis hin zum extremen Klettern) sind gründliche Erfahrungen im Bergwandern. Sie beziehen sich auf Vorbereitung, Ausrüstung, Technik und Durchführung. Die Grenzen zwischen Bergwandern und Bergsteigen sind in der Tat nicht klar vorgezeichnet, sie richten sich allgemein nach den auftretenden Schwierigkeiten und gehen teilweise ineinander über. Ich betrachte deshalb den Bereich des Bergwanderers bis dorthin, wo noch Wege, mindestens Steige, vorhanden sind. In dieses Bewegungsfeld gehören natürlich auch kürzere gesicherte Passagen. Wegloses Gelände, ausgesprochene Kletterführen, die verschneite Bergwelt und die Gletscherregion sind dagegen nur dem erfahrenen und geübten Bergsteiger vorbehalten.

Abb. 2   Abendlicher Abstieg von der Marmolata nach Pian Trevisan ▶

Die Ausrüstung

Die Ausrüstung ist das A und O des Bergsteigens. Sie soll stets in bestem Zustand sein und auf die jeweilige Tour sinnvoll abgestimmt werden. Wichtigster Ausrüstungsgegenstand ist der Schuh, weil er mit der Technik des Berggehens untrennbar verbunden ist.

Der gute Bergschuh

Wichtige Voraussetzungen: Berücksichtigen Sie beim Kauf: Nur Bergschuhe mit groben Gummiprofilsohlen – keine Halbschuhe – entsprechen allen Anforderungen. Die Vorteile einer solchen Sohle sind unbestritten:

- Gutes Reibungs- und Haftungsvermögen auf trockenem und nassem Gelände
- Eine Gummiprofilsohle erlaubt in jedem Gelände weiches Abrollen des Fußes, das frühzeitige Ermüdungserscheinungen verhindert.

Schuhe für Wanderer sollen etwas leichter sein als die für ausgesprochene Hochtouristen. Wenn Sie auf ausgebauten Wegen und Steigen nur bis in die Hochalmregion (etwa 1800 m) vordringen wollen, genügen Wanderschuhe bzw. Leichtbergschuhe. Diese besitzen meist eine aufgeschweißte Sohle (Abb. 3, 4), sind bequem zu tragen, aber nicht steigeisenfest. Für Hochgebirgswanderungen, bei denen Sie gelegentlich auch Firn betreten müßen, ist ein mittelschwerer Schuh (Abb. 5) erforderlich, möglichst ringsum mit einem Gummiwulst als Abschluß, um das Eindringen von kleinen Steinen oder Schnee zu vermeiden.

Weitere Anforderungen: Achten Sie beim Neukauf auch auf folgende Punkte:

- Schaft, ausreichend hoch als Knöchelschutz

Abb. 3
Leichtester LOWA-Bergwanderschuh mit
Schweißnaht, Schaftabschluß und Knöchel-
polster

Abb. 4
Leichtbergschuh (LOWA) mit neuartiger
Zungen- und Schaftpolsterung, starker Pro-
filsohle mit hochgezogenem PU-Randschutz

- Beugeeinschnitt
- weicher Oberrand
- schmaler Sohlenrand
- wenige Nähte
- wasserfest.

Paßform: Ihr Wanderschuh muß passen! Und, was Sie nicht vergessen sollten, er muß eingelaufen werden – bevor Sie am Berg sind. Ein nicht passen-
der oder nicht eingelaufener Schuh
wird auf der Wanderung zur Qual und
die damit verbundene Blasenbildung
zum spürbaren Hindernis beim Gehen.
Der Bergschuh soll so groß sein, daß
der Fuß mit einem Paar Wollsocken
druckfrei Platz hat. Die Zehen dürfen
vorne nicht anstoßen bzw. eingeengt
sein. Überdies muß der Mittelfuß gut
sitzen und darf trotzdem nicht eingeengt sein; ist dies nicht der Fall, bekommt man sehr schnell kalte Füße.
Fast noch wichtig ist ein tadelloser

Sitz der Ferse. Sie sollte sich beim Anprobieren im Schuh nur schwer nach
oben und unten bewegen lassen.

Schuhpflege: Reiben Sie die Bergschuhe vor Antritt der Tour nur mit
gewöhnlicher Schuhcreme (oder mit
Silikon) ein, aber nicht mit Fett! Fett
öffnet nämlich vorübergehend die
Poren des Leders. Trocknen Sie nasse
Schuhe niemals am heißen Ofen!

Die richtige Bekleidung

Richtige, das heißt zweckgerechte –
und nicht ausschließlich nach modi-
schen Gesichtspunkten zusammenge-
stellte – Bekleidung kann in bestimmten Situationen entscheidend zum Gelingen einer Tour beitragen. Wie viele
(auch gute) Bergsteiger sind schon bei
einem plötzlichen Wettersturz mit
Regen, Sturm und Schnee an Erschöp-

Beachte:
**Bergsteigerbekleidung muß zweckmäßig
und strapazierfähig sein,
um jeder Wetterlage gerecht zu werden.
Der Stoff soll auch bei Nässe
das Wärmegefühl erhalten**

Abb. 5
Zwiegenähter Leichtbergschuh (LOWA), ganz Lederfutter, ausgeprägte Zungen- und Knöchelpolsterung, guter Zehenspielraum, anatomisch vorgeformte Brandsohle

fung und der damit verbundenen Unterkühlung gestorben! Derartige Fälle wiederholen sich (leider) jeden Sommer.

Vor allem bei Unfällen von größeren Gruppen sind die Ursachen häufig in mangelhafter oder unzureichender Bekleidung einzelner Beteiligter zu suchen. Andererseits soll die Bekleidung den Körper nicht an der notwendigen Abgabe erzeugter Wärme hindern, sonst kann es zu einem gefährlichen Hitzestau (s. S. 58) kommen. Sie sehen, es ist gar nicht so einfach, die richtige Bekleidung für Bergwanderungen zusammenzustellen.

Unterwäsche: Bei Tageswanderungen im Sommer und bei sicherem Wetter genügt kurze Unterwäsche. Für mehrtätige Touren sollten Sie als Reserve und für alle Notfälle auch einen Satz halblanger Unterwäsche im Rucksack haben. Bestes Material für Unterwäsche ist Wollflanell.

Hemd: Das für den Bergwanderer ideale Hemd hat einen offenen, aber zuknöpfbaren Kragen und reicht über den Steiß nach unten. Diese Länge hat den Vorteil, daß das Hemd nicht gleich bei jeder größeren Bewegung aus der Hose rutscht. Praktisch sind Brusttaschen, die mit einer Klappe verschlossen werden können. Als Material wird für Bergsteigerhemden kräftiger Flanell bevorzugt. Reine Wolle ist zwar warm, aber nicht besonders strapazierfähig. — Hemden aus Synthetikfasern kommen nicht in Frage, da man in ihnen zu sehr schwitzt; das Material nimmt kaum Feuchtigkeit auf und schränkt darüber hinaus die Atmung der Haut stark ein.

Das gleiche gilt natürlich auch für Damenblusen.

Abb. 6   Die für den Bergwanderer notwendigsten Bekleidungsstücke

Kniebundhose: Achten Sie beim Anprobieren einer neuen Berghose, daß sie einen bequemen Schnitt hat, das heißt, sie darf im Schritt und bei geschlossenem Kniebund über dem Knie nicht spannen. Die Taschen — so viele wie möglich — sollen verschließbar sein; doppelter Hosenboden ist wichtig. Geeignetes Material: perlonverstärker Wollgabardine. Leinen ist zwar — das gilt auch für Hemden — außerordentlich strapazierfähig, bleibt aber, einmal durchgeschwitzt oder durchnäßt, unangenehm auf dem Körper kleben und entzieht ihm die Wärme. Cordhosen werden kaum noch getragen, weil sie sich bei Regen mit Wasser vollsaugen und dadurch dem Körper ebenfalls Wärme entziehen. Der gute Sitz einer Lastexhose darf nicht darüber hinwegtäuschen, daß sie bei einem Wettersturz keinen wirkungsvollen Wärmeschutz abgibt.

Zum Tragen der Kniebundhose sind breite Hosenträger angenehmer als ein Gürtel. Sie erhalten in jedem Sportgeschäft solche farbigen Hosenträger, die sonst allgemein für Skihosen angeboten werden. Vergessen Sie an heißen Tagen Shorts oder Turnhosen nicht, weil sie vor allem beim Aufstieg als angenehm empfunden werden!

Strümpfe: Wollstrümpfe für Kniebundhosen sollen mindestens unter den Bundabschluß, besser noch bis über das Knie reichen. An warmen Tagen und für kurze Touren können Sie auch Socken tragen. Sehr gut bewährt haben sich Plüschfrotteesocken. Ein zweites Paar Socken zum Wechseln sollte bei mehrtägigen Touren in Ihrem Rucksack nicht fehlen.

Pullover: Wählen Sie Schnitt und Farbe Ihres Pullovers ruhig nach dem Geschmack aus! Vergessen Sie dabei

Abb. 7
Praktische Wanderjacke, Modell »Stubai« von SCHÖF-
FEL aus signalrotem Segeltuch
1   versenkbare Sturmkapuze
2   nahtloser Perlon-Schulterbesatz
3   2 große Innentaschen
4   Oberteil gefüttert
5   Lüftungslöcher
6   Scheuerschutz
7   große Taschen mit Klettenverschluß
8   Ärmeltasche mit Klettenverschluß
9   wasserabweisende Synthetikbündchen
10   breite Windleiste
11   extra starker Zweiweg-Reißverschluß
12   Schnurzug

nicht, daß er auch den Leib und die Lenden schützen soll! Rollkragenpullover sind nicht zu empfehlen, da bei ihnen die Wärme kaum reguliert werden kann. Bewährt haben sich indessen knöpfbare oder mit Reißverschluß ausgestattete Wolljacken.

Eine alte Bergsteigerweisheit lautet: *Anstelle eines dicken Pullovers besser drei dünne mit dem gleichen Gewicht.*

Anorak: Auch beim Anorak können Sie ohne weiteres modische Aspekte berücksichtigen, allerdings darf darunter die Zweckmäßigkeit nicht leiden. Denken Sie deshalb beim Kauf an folgende Notwendigkeiten:

- Länge bis über die Hüften
- Kapuze
- möglichst viele Taschen
- gedoppelte Schulterpartie
- Schnürband unten.

Als Stoff für den Bergsteiger-Anorak hat sich imprägniertes, dichtes, kräftiges Leinen sowie doppelt verarbeiteter Popeline durchgesetzt. Dieses Material hat gegenüber Perlon den großen Vorteil, atmungsaktiv und (bei guter Imprägnierung eine Zeitlang) *wasserabweisend* zu sein, aber nicht *wasserdicht,* wie es manchmal fälschlicherweise heißt. Kluge Wanderer haben zusätzlich immer einen federleichten Perlonanorak — es gibt sie in farbenfrohen Modellen — im Rucksack. Dieses Bekleidungsstück hat aber den Nachteil, daß sich beim Tragen auf der beschichteten Innenseite rasch Schwitzwasser bildet. Eine ideale Kombination bei Regen: atmungsaktiver Anorak und darüber wasserdichter Perlonanorak oder Perlonumhang mit Luft von unten; der Pullover bleibt bis zur Hütte im Rucksack.

Ratschlag:
Bevorzugen Sie beim Kauf Ihrer
Bergsteigerkleidung solche Fachgeschäfte,
die aktive Bergsteiger als Verkäufer haben

Abb. 8
Zweckgerechter Regenumhang (SALEWA), unter dem auch der
Rucksack und die Knie Platz haben, also nicht naß werden.
Wichtig: beschichtetes Perlon, angeschnittene Kapuze, Schnur-
zug und geschweißte Nähte

Regenumhang: Bei starkem, anhaltendem Regen ist ein Umhang mit Kapuze, auch Bergsteiger- oder Wanderkotze genannt, jedem Anorak vorzuziehen. Voraussetzung ist allerdings, daß auch der Rucksack unter dem Umhang Platz findet und vorn die Länge beim Gehen über die Knie herabreicht; die Nähte sollen geschweißt sein. Als Material dient beschichtetes Perlonund Nylon-Gewebe, kältefeste WeichPlastikfolie sowie Polyamid. Die Münchner Firma SALEWA hat 1975 einen sogenannten »alpinen Mehrzweckmantel« auf den Markt gebracht, der sowohl als wind- und wasserdichter Überanorack (Kordelzug in Taillenhöhe) als auch als Regenmantel verwendet werden kann.

Ein *Regenschirm* auf der Tour ist keineswegs altmodisch oder gar lächerlich, wie Sie vielleicht denken mögen. Solange es nicht stürmt, kann er als wirksamer Regenschutz benützt werden. Spezielle Bergsteigerschirme haben Leichtmetallgestänge und eine Nylon-Bespannung; sie wiegen zwischen 280 und 300 gr, ihre Spannweite beträgt 90 bis 110 cm.

Kopfbedeckung: Als Wärmeschutz tragen Sie am besten eine gestrickte Wollmütze, die Stirn und Ohren bedeckt und in den Nacken reicht. Vor Sonnenschäden dagegen schützt Sie am besten ein Hütchen aus hellem Baumwollstoff (kein Perlongewebe!). Die »fesche« Sportmütze erfüllt diese Bedingungen nicht.

Handschuhe: Bei Wanderungen in Höhen über 2000 Metern gehört in Ihren Rucksack stets ein Paar Wollfäustlinge. Bei längeren Hochtouren sind zusätzliche Überhandschuhe aus Perlon oder Segeltuch ratsam.

Abb. 9
DEUTER-Wanderrucksack Modell »Ifen«
aus Nylon, filzunterlegte Nylongurt-Tragriemen — Leergewicht 370 g

Abb. 10
DEUTER-Tauernrucksack, »Tourist b«,
Segeltuch mit drei Mantelriemenschlaufen,
Wäschefach — Leergewicht 1700 g

Der richtige vielseitige Rucksack

Traggestell oder Rückenpolster?
Rucksäcke sind in verschiedenen Formen auf dem Markt, wovon annähernd jede einem bestimmten Zweck dient. Als Grundform hat sich die hohe, seitlich schmale Konstruktion bewährt, und zwar ohne Gestell. Viele Bergwanderer schwören aber noch immer auf das Norweger-Gestell und die damit verbundene Rückenfreiheit, die zweifellos im ersten Augenblick angenehm empfunden wird. Bei längeren Touren stört aber die durch Rückenfreiheit bzw. das Gestell bedingte zu tiefe Schwerpunktlage erheblich. Deshalb: Statt eines Gestells besser eine Rückenpolsterung mit schweißaufsaugendem Baumwollgewebe. Die Tragegurte sollen möglichst breit sein; am besten sind zur Zeit Schlauchgurttrageriemen. Das Material der meisten Rucksäcke ist silikonimprägniertes, starkes Nylongewebe. Vorteilhaft, weil sehr strapazierfähig, ist ein Lederboden. Der auch beim Abstellen in nasses Gras keine Feuchtigkeit aufziehen läßt.

Für Tageswanderungen genügt ein kleines oder mittelgroßes Modell (zwischen 30 und 50 cm Höhe); bei längeren Touren, z. B. Durchquerung einer Gebirgsgruppe, sollte der Rucksack mindestens 70 cm hoch sein und etwa 35 bis 40 Liter Fassungsvermögen haben. Scheuen Sie sich nicht, auch als Wanderer einen Kletterrucksack zu kaufen wie beispielsweise ein Modell der KARRIMOR-Serie von SALEWA (Abb. 11). Sie sind der Körperform entsprechend mit leicht geschweifter Rückenkontur geschnitten. Das Nylon-Material ist mit einer besonders haftfähigen Polyurethan-Beschichtung versehen und wird durch eine spezielle Nähtechnik zusammengehalten.

Abb. 11
SALEWA-Tagesrucksack
Modell »Midi« aus rotem
Nylon mit Baumwollrücken,
Schlauchgurttragriemen –
Leergewicht 400 g

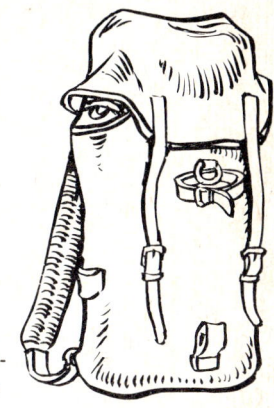

Abb. 12
SALEWA-Universalrucksack Modell »Haute-Route«
mit gepolstertem Baumwollrücken, breiten Schlauch-
gurtriemen, Wäschefach, der Körperform angepaßte,
geschweifte Rückenkontur

Grundregel beim Rucksackpacken:
Schwere Gegenstände gehören in Rückennähe in die Mitte oder gar obenauf. Dadurch lastet das Gewicht hauptsächlich auf den Schultern und drückt nicht in den Rücken bzw. behindert nicht das aufrechte und sichere Gehen. In diesem Zusammenhang interessiert Sie bestimmt auch das ideale Gewicht des gepackten Rucksacks: Bei Tagestouren nicht viel über 7 kg. Das Rucksackgewicht für längere Fahrten wird von den individuellen Wünschen jedes Einzelnen bestimmt, sollte aber nicht zu groß sein, weil sonst das Wandern zur Qual werden kann.
Was noch in den Rucksack gehört:
- Wasserflasche
- Trinkbecher
- Rucksackapotheke
- Taschenlampe
- Zündhölzer
- Messer

Zusätzlich bei mehrtägigen Touren:
- Waschzeug
- Reservewäsche (Hemd, Strümpfe)
- Trainings- oder Schlafanzug
- Hüttenschuhe
- Kleinkocher

Rucksackapotheke: Als verantwortungsbewußter Bergwanderer wird es für Sie eine Selbstverständlichkeit sein, auf jeder Tour eine Rucksackapotheke mitzuführen; nicht nur der eigenen Person wegen, sondern auch als Vorsorge für andere Wanderer, die zwar Erste Hilfe benötigen, sich aber leichtsinnigerweise nicht selbst versorgen können. In Ihre Rucksackapotheke gehören (Abb. 13):
- Verbandspäckchen
- Mullbinden
- elastische Binde (10 cm breit)
- Dreiecktuch
- Hansaplast

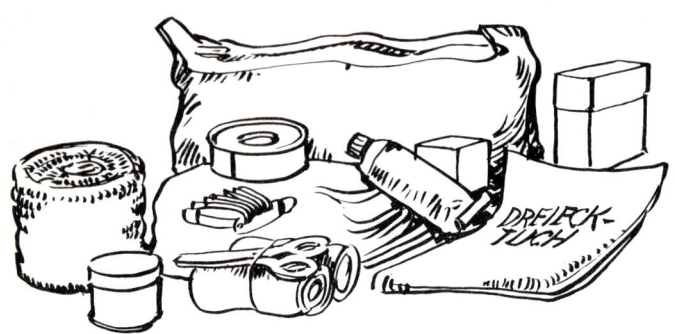

Abb. 13 Das gehört in eine Rucksackapotheke

- Leukoplast (2,5 cm breit)
- »Sprühverband«-Dose
- Halstabletten (evtl. »Föhntabletten«)
- Schmerztabletten
- Kohletabletten
- Tabletten gegen Erschöpfung (z. B. Cardiazoltraubenzucker)
- Abführmittel
- trocknende Desinfektionsmittel z. B. Mercurochrom)
- Brand- und Wundgel
- Sonnenschutzmittel
- Lippensalbe.

Der lebenswichtige Biwaksack

Ein vielseitiger Nothelfer: Nach meinen Erfahrungen gehört der Biwaksack – treffender: „Schutzsack" – zu den unentbehrlichen Ausrüstungsgegenständen für jeden Bergwanderer. Er ist nicht nur zum Biwakieren (Übernachtungen im Freien) entwickelt worden, wie irrtümlicherweise von vielen Wanderern angenommen wird, sondern auch als Wetterschutz in allen erdenklichen Situationen und Notlagen am Berg.

Biwaksäcke gibt es für 1, 2, und für 3 bis 4 Personen. Der WÄFO-Einmann-Biwaksack (Abb. 16) wiegt nur 270 Gramm, ist 220 Zentimeter lang und 75 Zentimeter breit. Der Biwaksack für 2 Personen (Abb. 16) hat ein Gewicht von 490 Gramm und Ausmaße von 195 x 155 Zentimeter; der Schutzsack für 3 bis 4 Personen (750 g, 225 x 190 cm) ist hauptsächlich für Gruppen oder Familien mit Kindern gedacht. Material: Nylon-Gewebe mit kältefester Polyurethan-Beschichtung. Im Gegensatz zu den anderen Biwaksäcken, die auf einer Seite offen und mit einem Schnürzug versehen sind, besitzt der genannte Einmann-Biwak-

Abb. 14 Rast auf dem Weg von der Zinnenhütte zum Paternsattel ▶

Merke:
Ein Biwak- bzw. Schutzsack ist nicht ausschließlich für Biwaks (Übernachtungen im Freien) gedacht; auch als Wetterschutz in allen erdenklichen Lagen am Berg ist er unentbehrlich

Abb. 15
Im Biwacksack ist überall eine wind- und regengeschützte Rast möglich, oft lebensrettend

sack Mumienform. Diese Schutzsäcke gibt es auch mit einer Aluminium-Innenbeschichtung, die bis zu 80 Prozent der vom Körper abgestrahlten Wärme reflektiert.

Als *Schlechtwetterschutz* wird der Biwaksack übergestülpt (Abb. 15) bzw. von unten über den Körper gestülpt (Mumienform). Eine unangenehme Begleiterscheinung hat aber der Aufenthalt im Biwaksack: Sobald der Temperaturunterschied zwischen außen und innen zu groß wird, bildet sich im Inneren auf der Beschichtung — trotz der Luftschlitze — Kondenswasser. Das ist aber immer noch besser zu ertragen, als ein Gewitterguß bis auf die Haut.

Die Rettungsdecke: Für kürzere Touren genügt als »Allwetterschutz« schon eine sogenannte »Rettungsdecke«. Dabei handelt es sich um eine metallisierte Spezialfolie (aus der Weltraumfahrt übernommen), die bis zu 80 Prozent der Körperwärme reflektiert. Sie hat nur ein Gewicht von 60 Gramm, ist zusammengefaltet etwas größer als eine Zündholzschachtel und kostet etwa 6 Mark. Sie wird vor allem dann lebenswichtig, wenn es gilt, einen Verletzten bei schlechtem Wetter (Regen und/oder Kälte) bis zum Eintreffen der Bergwacht so zu lagern und zu versorgen, daß er keine weiteren Schäden davonträgt. Einen ähnlichen Zweck erfüllt der MSR-Stormshelfer, laut Hersteller (WÄFO) ein Vielzweck-Notunterstand aus signalgelber, kältefester Kunststoff-Folie, vielseitig verwendbar als einfacher Biwaksack, Regen- und Windschutz.

Kräfteverbrauch durch Bergwandern

Jede körperliche Anstrengung verursacht einen mehr oder weniger hohen

Ratschlag:
Mindestens eine »Rettungsdecke«
sollte auf jeder Bergfahrt im
Rucksack (oder in der Hosen-
bzw. Anoraktasche) dabei sein

Abb. 16
Zwei- und Einmann-Biwaksack (WÄFO) aus
beschichtetem Nylongewebe

Kräfteverbrauch und verlangt dementsprechenden Ersatz durch Nahrungszufuhr, die überlegt gewählt werden muß. Berücksichtigen Sie dabei, daß diese Nahrungsmittel auf alle Fälle wenigstens die drei Grundsubstanzen (Zucker, Fett, Eiweiß) und Vitamine enthalten sollen!

Wissen Sie übrigens, daß richtige Ernährung bei Kälte (neben zweckmäßiger Kleidung) zum ausschlaggebenden Faktor für das Durchhalten wird?

Essen

Auswahl ist Erfahrungssache: Bei Wanderungen, die an bewirtschafteten Hütten oder an Berggasthöfen vorbeiführen, ist die Ernährung eigentlich kein Problem, denn auf den Hütten werden kalte und warme Speisen ausgegeben. Sie sind, anders als die Getränke, im Durchschnitt nicht erheblich teurer als im Tal. Überdies wird durch Mahlzeiten auf den Hütten der Rucksack leichter, ein Umstand, der ausschlaggebend zum Genießen einer Bergwanderung beitragen kann.

Sofern Sie Selbstverpfleger sind, passen Sie den Tourenproviant am besten Ihren sonstigen Eßgewohnheiten an. Achten Sie aber darauf, daß die Nahrungsmittel — ganz besonders auf längeren Touren und in größeren Höhen — leicht verdaulich sind. Denn: Der Körper lehnt nach großen Anstrengungen feste und zu trockene Nahrung meistens ab. Bewährt haben sich Mayonnaise oder Tomatenmark in Tuben!

Als Ausgleich für den durch das Schwitzen hervorgerufenen *Salzverlust* auf anstrengenden Touren empfiehlt sich Fleischsuppe in Würfelform bzw. Bouillon-Brühe; zur Not helfen auch

Beachte:
Zucker und Honig führen dem Körper besonders schnell und wirkungsvoll die notwendige Energie zu

Merke:
Warme Getränke löschen den Durst nachhaltiger als kalte

Salztabletten, wie sie besonders Skilangläufer einnehmen.

Was die lebenswichtigen *Vitamine* anbelangt, können Sie aus Gründen der Gewichts- und Platzersparnis auf der Tour bedenkenlos auf Obst und andere pflanzliche Nährstoffe verzichten und statt dessen Vitaminpräparate in Tablettenform einnehmen.

Bei dieser Gelegenheit einen Essensplan aufzustellen, wäre schon allein aufgrund der individuellen Geschmacksrichtung jedes Menschen nicht allgemein gültig. Die richtige Nahrung am Berg ist, wie so vieles im Alpinismus, Erfahrungssache. Grundsätzlich gilt aber, daß sich eiweißarmer Tourenproviant, wie zum Beispiel Vollkornzwieback, Dörrobst, Datteln oder Nußbutter, stets bewährt; eiweißhaltige Stoffe (Wurst, Fleisch etc.) benötigen nämlich für die Verbrennung viel Sauerstoff und zehren des-halb gerade beim Aufstieg an der Leistungssubstanz.

Seit einiger Zeit ist *konzentrierte Tourenkost* (z. B. von SALEWA oder SPORTIVE) auch schon in Geschäften erhältlich. Es handelt sich dabei fast ausschließlich um konzentrierte Vollwertkost aus naturreinen, biologisch hochwertigen Bestandteilen.

Traubenzucker: Es ist ein weitverbreiteter Irrtum, zu glauben, daß man bei einem manchmal plötzlich auftretenden Schwächegefühl nur Traubenzucker essen müßte, um wieder in Form zu kommen. Trockener Traubenzucker kann zwar wohl mithelfen, einen Schwächezustand kurzfristig zu überwinden (Wirkung des Traubenzuckers nach etwa 1/4 Stunde), bringt aber, wenn nicht gleichzeitig auch etwas gegessen wird, keine anhaltende Stärkung mit sich. Solange der Körper

Abb. 17
Konzentrierte Tourennahrung ist wichtig

noch nicht völlig überfordert ist, löst Traubenzucker bald einen »gesunden« Appetit aus.
Die wirkungsvollste Anwendung von Traubenzucker:
Nehmen Sie Traubenzucker in kleinen Dosen auf die ganze Länge der Tour verteilt, evtl. mit etwas Tee.

Trinken

Auf kürzeren Wanderungen und vor allem an heißen Sommertagen ist das Trinkbedürfnis stärker als der Hunger.
Der Flüssigkeitsverlust bei einer anstrengenden Tour beläuft sich auf mehrere Liter. Und dieser Verlust *muß mit wichtigen Mineralstoffen, auch Salzen, ausgeglichen werden.*
Vergessen Sie nicht, die gefüllte Trinkflasche in den Rucksack zu packen! Tee mit Zitrone und Traubenzucker hat sich als Getränk auf der Tour be-

sonders bewährt. Ein anderes Rezept: Nehmen Sie in einer kleinen Plastikflasche Fruchtsirup mit, der dann, an Wasserstellen verdünnt, ein schmackhaftes Getränk ergibt. Es ist das gleiche, was in den Hütten (teilweise zu überzogenen Preisen) als »Skiwasser« verkauft wird. Einen ähnlichen Zweck wie Sirup erfüllt auch Brausepulver; es ist leichter und nimmt überdies weniger Platz ein. Alle diese Getränke ersetzen aber nicht den Salzverlust des Körpers durch Schwitzen!
Aber Vorsicht! Nicht jede Wasserstelle ist eine Quelle mit klarem, reinem Wasser. Beim heutigen Ausmaß der Umweltverschmutzung sind alle Wasserstellen nur mit Vorbehalt zu genießen. Für viele Bergwanderer bleibt der höchste Genuß auf dem Gipfel — ein Dosenbier. Das ist durchaus keine Geschmacksverirrung (vgl. dazu »Skilauf in der Loipe«, Seite 60)!

Abb. 18 Rasten sind notwendige Erholungspausen. Aber zu viel Trinken schadet der Leistungsfähigkeit. Trinken in Maßen soll nur den Schweißverlust ersetzen

Getränk und Nahrung zugleich ist Sanddorn-Vollfruchtsaft. Er wird vor allem seines konzentrierten Vitamin-C-Gehaltes wegen geschätzt.

Was macht Durst? Beim Aufstieg sollen Sie möglichst wenig trinken; denn zuviel Flüssigkeit verstärkt das Schwitzen und erhöht damit den Flüssigkeitsbedarf. Den hauptsächlichen Flüssigkeitsverlust, den »großen Durst«, stillen Sie am besten erst nach der Tour, vielleicht mit einer erfrischenden »Radlermaß« (ein halber Liter Bier, ein halber Liter Limonade).

Schnee-Essen: So groß auch die Überwindung sein mag, es empfiehlt sich nicht, bei Durstgefühl den verführerischen Schnee zu lutschen; denn Schnee ist ohne Zusätze (Salz, Zucker, Säfte) auf die Dauer nicht durststillend; im Gegenteil, der durch Schnee angefeuchtete Mund wird schon bald trocken und verlangt weitere Anfeuchtung. Darüber hinaus reizt der eiskalte Schnee − er besteht aus destilliertem Wasser ohne jeden Mineraliengehalt − die Magenschleimhäute und ist für den Körper völlig wertlos, er kann ihn sogar gefährlich auszehren.

Kalte, nicht abgekochte Milch, wie sie auf den Almen angeboten wird, verursacht ebenfalls ein zunehmendes Durstgefühl.

Ein bewährter Tip: Gegen starkes Durstgefühl hilft zur Not auch zuckerfreier Kaugummi, ein Pflaumenkern zum Lutschen oder ein kleines Steinchen, um den Mund durch Speichel ständig feucht zu erhalten.

Die Vorbereitung

Training

Ihre Leistungsfähigkeit am Berg setzt richtige Ernährung und körperliches Training voraus. Ihre körperliche Leistungsbereitschaft können Sie durch sinn- und maßvolles Training erheblich steigern. Die wirkungsvollste Vorbereitung für das Bergwandern ist – Bergwandern. Ein naturgegebener Ersatz für alpenferne Menschen sind Touren im Mittelgebirge, wobei die konditionsfördernden Höhenunterschiede bzw. Steigungen bewältigt werden müssen.

Regelmäßiges Dauerlaufen mit »halber Kraft« (vielleicht noch mit Gymnastikeinlagen) ist eine lobenswerte Vorbereitung für Bergtouren, weil gerade beim Wandern die wesentlichen Belastungen auf das Herz, die Lunge und auf die Beinmuskulatur entfallen. Aus diesem Grund muß der Organismus und ganz besonders das Kreislaufsystem eine Dauerleistung vertragen können, ohne Schaden zu nehmen. Bewährt hat sich wöchentlich ein- bis zweimaliges Lauftraining von jeweils mindestens dreißig Minuten. Auch ausgiebiges Radfahren und Skilangläufe sind eine wirkungsvolle Vorbereitung für anstrengende Aufstiege. Voraussetzung für alle derartigen körperlichen Belastungen ist jedoch organische Gesundheit.

Höhenanpassung

Die Höhenanpassung, auch Akklimatisation genannt, soll den Körper an die relative Sauerstoffarmut (bedingt durch Druckabnahme) in der Höhe gewöhnen. Bis ungefähr 2500 Meter Meereshöhe wird der Sauerstoffmangel noch durch die Lunge (erhöhte Atmung) ausgeglichen. Über 2500 Meter

Beachte:
Eine überlegte Tourenplanung
ist der Grundstein
für die reibungslose Durchführung
jeder Bergfahrt

— der Teildruck des Sauerstoffes sinkt beispielsweise in 3000 Meter bereits um ein Viertel — reichen die Reserven der Lunge bei längerem Aufenthalt nicht mehr aus: das Knochenmark bildet neue rote Blutkörperchen. Das ist aber keineswegs bedenklich, denn bis zu 3000 m Höhe ist bei völliger Gesundheit keine langsame Höhenanpassung notwendig. Selbst bei sehr rascher Überwindung des Höhenunterschiedes, wie es in der Seilbahn oder mit dem Auto geschieht, sind bisher für den Organismus keine Nachteile bekannt. Vor Touren in größere Höhen sollten Sie sich durch den Aufenthalt in Hütten oder durch die Besteigung eines niedrigeren Gipfels nach und nach an die sauerstoffärmere Luft gewöhnen. Ab 4000 Meter sind nur noch 2/3 der üblichen Sauerstoffmenge vorhanden, die für die Ernährung der Muskulatur notwendig ist.

Tourenplanung

Planen Sie Ihre Touren zu Hause und in aller Ruhe sehr gründlich und vor allem rechtzeitig! Sobald man nämlich dabei unter Zeitdruck steht, ist eine überlegte Planung nicht mehr gewährleistet. Und gerade sie ist für das Gelingen einer Tour von ganz besonderer Bedeutung.
Eine unentbehrliche Hilfe bei Tourenplanungen sind *Führer* und *Karten*, am besten Alpenvereinskarten im Maßstab 1 : 25 000. Natürlich sollten Sie die Kunst des richtigen Kartenlesens überlegen beherrschen, zu Hause und unterwegs! Bei Wanderungen auf markierten Wegen sind allerdings gute (!) Führer in Buchform den Karten vorzuziehen. Diese Führer sind allgemein im handlichen Taschenbuchformat gehalten. Aus dem Text ist zu ersehen, wo die geplante Tour beginnt, wie lange der Aufstieg

Abb. 19
Waldläufe und »Trimm-Trab« sind gute Vorbereitungen für Aufstiege in den Bergen

dauert, welche Charakteristiken er aufweist, wo es Hütten oder Stützpunkte gibt, ob und wann diese bewirtschaftet sind, wo evtl. Schlüssel ausgeliehen werden. Darüberhinaus geben die (guten!) Führer Auskunft über die geologischen, naturkundlichen und geschichtlichen Besonderheiten, sowie über Talorte, Anfahrtswege und alles Wissenswerte der beschriebenen Berggruppe. Am bekanntesten sind die im Bergverlag Rudolf Rother, München, erscheinenden *»Alpenvereinsführer«* über sämtliche Gebiete der deutschen und österreichischen Alpen. Darin ist fast jeder Gipfel mit den bedeutendsten Aufstiegen aufgeführt. Aber auch über die italienischen, schweizerischen und über Teile der jugoslawischen sowie französischen Berge sind im vorgenannten Verlag Führer erschienen, ja sogar über Wanderungen in Nepal. Ganz speziell auf den Wanderer abgestimmt sind die *Rundwanderführer* des J. Fink Verlages in Stuttgart. Diese Reihe umfaßt neben Alpengebieten die gesamte deutsche Wanderlandschaft mit den Mittelgebirgen. Im gleichen Verlag gibt es auch Wanderführer über die Bergwelt außeralpiner Länder wie Spanien, Rumänien, Griechenland usw. Weitere Anregungen für lohnende Touren vermitteln die verschiedenen alpinen Zeitschriften.

Jahreszeiten

Von den vier Jahreszeiten kommt der Winter für Bergwanderungen ohne Ski nicht in Frage. Es bleiben also

- Frühjahr und Frühsommer
- Sommer
- Herbst.

Jede Jahreszeit hat ihre unverkennbaren Reize, aber auch ganz spezifische Eigenarten, die es bei der Pla-

Gebot:
Berücksichtigung der Tageszeiten!
Zu später Aufbruch kann z. B.
verheerende Folgen haben

nung einer Tour zu berücksichtigen gilt. Freilich, eine sichere Bestimmung der Witterungsverhältnisse während der verschiedenen Jahreszeiten kann kein Mensch geben, schon gar nicht für die Nordseite der Alpen, wo das Wetter unbeständiger ist als auf der Südseite und sprunghaft zu Änderungen neigt. Die folgenden Angaben können deshalb nur als Durchschnittswerte aufgefaßt werden.

Frühjahr und Frühsommer: Im Frühjahr sind Wanderungen, bedingt durch viel Schnee in den Hochlagen, nur in niederen Regionen und (mit Vorbehalt!) auf der Südseite ratsam. Der April ist seines unbeständigen Wetters wegen bekannt und unbeliebt.
Die meisten Hütten sind erst ab Pfingsten bewirtschaftet, was aber nicht garantiert, daß auch die Zugangswege schon immer frei sind. Oft kommt im

Juni noch um die Monatsmitte ein Kälterückfall mit Schnee (in den höheren Lagen) und Regen im Tal (»Schafskälte«). Die ersten Sommergewitter machen sich bemerkbar. Nordseitig liegt bis Ende Juni meist noch viel matschiger Schnee, südseitig dagegen schon »sommerharter firn«. Bei notwendigen Querungen ist in beiden Fällen Vorsicht geboten!

Sommer: Obwohl er als die schlechthin klassische Jahreszeit für Bergtouren gilt, muß man, wie die letzten Jahre gezeigt haben, im Juli mit starken Niederschlägen und in den Hochlagen noch mit Schneefällen rechnen. Deshalb sollten Sie den Juli für einen Bergurlaub ausklammern. Im August wird das Wetter beständiger und beschert dem Wanderer jedes Jahr einige extrem heiße Tage. Demzufolge sind

Abb. 20   Jede der vier Jahreszeiten bringt für den Bergwanderer
andere Erlebnisse und Probleme mit sich

Wetterstürze, erfahrungsgemäß in der letzten Woche, nicht auszuschließen.

Herbst: Der Hochgebirgsherbst beginnt im September, dem für Bergwanderungen besonders idealen Monat. Das Wetter ist überwiegend schön und — was besonders wichtig ist — es ist sicher bei prächtiger Fernsicht, aber bei schon empfindlich kalten Nächten. Denken Sie bei Herbsttouren an die kürzeren Tage! Hochgebirgsgaststätten (z. B. in den Dolomiten) werden meist gegen Ende September geschlossen. Das Sep-

temberschönwetter hält in der Regel als »Altweibersommer« bis etwa Mitte Oktober an.

Tageszeit: Früher Aufbruch im Tal oder von der Hütte ist ein alpines Grundgebot. Während der Morgenstunden und am frühen Vormittag ist die Hitze erträglicher als nach Mittag. Zu dieser Tageszeit sollten Sie nach Möglichkeit schon auf dem Abstieg sein. Für Hüttenaufstiege eignet sich auch der Spätnachmittag, bzw. frühe Abend.

Das Gehen am Berg

Der Aufstieg

»Das Gehen ist die Grundlage des Wanderns und Bergsteigens!« Diese Worte stammen von Matthias Zdarsky (1856–1940), einem Lehrmeister des Alpinismus – er hat übrigens den Biwaksack entwickelt – und Vorkämpfer des alpinen Skilaufs. Sein Ausspruch hat noch immer volle Gültigkeit – wie vor hundert Jahren.

Zuerst einmal das Gehen lernen: Das ökonomisch richtige Gehen im Gebirge ist ein wesentlicher Bestandteil der gesamten alpinen Technik. Es muß ebenso erlernt werden wie beispielsweise das Kaminklettern. Im Laufe der Zeit erst werden die richtigen Bewegungen zur Selbstverständlichkeit, sie erfolgen dann aus dem Unterbewußtsein. Für den Anfänger gibt es aber einige elementare Grundsätze, ohne

die rationales Gehen nicht denkbar ist:
- Mit den Augen vorausgehen
- Den richtigen Tritt aussuchen
- Die Füße richtig aufsetzen
- Den Schwerpunkt stets über den Füßen halten.

Theorie und Praxis: Man könnte jetzt selbstverständlich exakt auf das Zusammenspiel von Auge und Bein, von Geist und Körper eingehen und die Funktion der Muskeln wissenschaftlich erläutern. Doch das wäre etwas zuviel der »grauen Theorie«.
Bevor ich auf die Technik des Gehens ausführlich eingehe, ein Rat aus der und für die Praxis: Schauen Sie es den Führern und Trägern ab, wie sie langsam, sehr bedächtig, Schritt um Schritt, den Oberkörper ab der Hüfte mehr oder weniger vorgebeugt, bergan steigen. So gemütlich, um nicht zu sagen langsam, ihr Gehen auch erschei-

Italienisches Sprichwort:
Chi va piano, chi va sano, va lontana —
Wer langsam geht, der geht gut
und kommt weit

nen mag — diese Leute sind meist vor denen am Ziel, die es anfangs allzu eilig hatten.

Aufstieg auf Wegen: Grundsätzlich gilt: Die Schrittlänge ist, der Beinlänge angemessen, auf die jeweilige Steigung des Weges abzustimmen, das heißt, auf flachem Gelände längere und zügige Schritte, bei zunehmender Steigung entsprechend kurze und keine zu hohen Schritte. Treten Sie mit dem Fuß überlegt und genau auf, möglichst mit der ganzen Sohle, wodurch die Gehsicherheit erhöht wird. Nach Möglichkeit sollten Sie waagrechte Trittflächen benützen, weil dadurch die Fußgelenke weniger stark beansprucht werden als auf schrägen Trittflächen. Außerdem wird die Haftfähigkeit bzw. Reibung der Profilsohle besser ausgenützt. Beim Queren winkeln Sie dazu die Knöchel und Kniegelenke nach außen ab. Vermeiden Sie sorgfältig Tritte auf lose Steine! Sie könnten diese nämlich lostreten und Steinschlag verursachen.

Körperhaltung: Der Körper bleibt beim Aufstieg in aufrechter Haltung, so daß Ihr ganzes Körpergewicht auf der Sohle lastet, wodurch Sie Halt, Reibung und sicheren Stand haben. Der Schwerpunkt des Körpers soll also senkrecht über den Füßen sein. Nicht gegen den Berg hinlehnen! Der Oberkörper wird von der Hüfte an ganz natürlich leicht vorgebeugt.

Tempo und Atmung: Gehen Sei beim Aufstieg langsam und gleichmäßig; am Anfang eher zu gemächlich als zu schnell. Solange Sie das Gefühl haben, noch im Besitz von Kraftreserven zu sein, ist Ihr Gehtempo richtig. Bei Gruppenwanderungen gilt es stets, auf

Vorsicht!
Je ausgesetzter ein Weg wird,
desto größer muß bei seiner Begehung
die Aufmerksamkeit und Vorsicht sein.

Die Schönheiten einer Berglandschaft
genießt man sicherer vom gemütlichen
Rastplatz und nicht unterwegs als
»Hans guck' in die Luft«

den Leistungsschwächsten Rücksicht zu nehmen; nur so kann auch eine größere Gruppe zusammenbleiben. Hier gilt der klassische Vergleich: Eine Kette ist nur so stark wie ihr schwächstes Glied.

Passen Sie auf steilen Wegen den Atemryhtmus der Trittfrequenz an; zum Beispiel auftreten mit dem linken Fuß — einatmen, auftreten mit dem rechten Fuß — ausatmen.

Nur mit einem lockeren entspannten Bewegungsablauf schonen Sie Ihre Kräfte auf lange Sicht.

Merke: Zuviel Reden beim Aufstieg kostet Luft, wiederholtes Stehenbleiben führt zu frühzeitiger Ermüdung.

Zeiteinteilung: Etwa 20 bis 30 Minuten nach dem Start bzw. bevor der Körper zu schwitzen beginnt, sollten Sie die vorläufig überflüssige Kleidung ablegen. In diesem Zusammenhang dürfen Sie aber nicht übersehen, daß beanspruchte Muskeln (z. B. Waden) besser arbeiten, solange sie von einer wärmenden Hülle umschlossen sind.

Für die Zeiteinteilung beim Aufstieg können Sie sich an folgende Faustregel halten:

Erste längere Rast (20–30 Minuten) nach etwa 2 Stunden einlegen, die weiteren in gleichen Zeitabständen.

Für die *Ausdauerleistung* des Aufsteigens ist es wichtig, in regelmäßigen Abständen zu rasten und etwas zu vespern. Wer sich anders verhält, wird nach einiger Zeit die ersten Erschöpfungsanzeichen verspüren. Sollte wirklich einmal keine Zeit für Rasten zur Verfügung stehen, sollten Sie wenigstens beim Gehen zwischendurch Traubenzucker oder Trockenfrüchte essen, um den »Brennstoffbedarf« des Körpers zu sichern.

Abb. 21   Ausblick von der Aufacker-Alm zur Zugspitze ▶

Merke:
Nur mit einer richtigen Zeiteinteilung
ist es möglich,
den Tag am Berg mit Genuß zu erleben

Die Kenntnis von zwei Erfahrungswerten erleichtert Ihnen die ungefähre *Berechnung der voraussichtlichen Aufstiegszeit:*

- 400 Höhenmeter entsprechen etwa 1 Stunde Aufstieg.
- 4,5 km horizontale Entfernung sind 1 Gehstunde.

Ein Beispiel: Höhenunterschied 600 Meter, Wegstrecke 10 Kilometer. Zeitaufwand für die Steigung 1 1/2 Stunden, für die Horizontalentfernung etwa 2 1/4 Stunden. Die Gesamtgehzeit wird in diesem Falle aus den 2 1/4 Stunden für die Horizontalentfernung plus der Hälfte der Steigungszeit von 1 1/2 Stunden berechnet. Zusammen sind das also etwa 3 Stunden

Als *Tagesleistung* für den Bergwanderer sind 5 bis 6 Stunden reiner Gehzeit einzuplanen. Diese in der Praxis bewährte Einteilung gewährleistet eine ungebrochene Kraft für die Naturempfindung. Und dieser großartige Erlebnisbereich sollte auf keiner Tour unter Überanstrengung leiden.

Es ist ein typisches Zeichen falscher Zeiteinteilung, wenn man abends übermüdet oder sogar erschöpft in der Hütte eintrifft.

Gefährliche Wege: Wege, die bei trockenem Wetter unproblematisch und ohne Schwierigkeiten zu begehen sind, können infolge starker Regenfälle zu einem Problem für Sie werden, nämlich dann, wenn durch die Wassermassen Wegstücke weggerissen worden sind und eine Umgehung nicht möglich ist. In einer solchen Situation gibt es nur einen Ausweg: Umkehren. Um derartige unliebsame Zwischenfälle zu vermeiden, erkundigen Sie sich am besten vor Antritt der Tour im Tal oder beim Hüttenwirt nach den Wegverhältnissen.

Ratschlag:
**Kehre lieber zehnmal zu früh um,
als einmal zu spät**

Nässe verlangt von Ihnen erhöhte Aufmerksamkeit. Glatte, abgetretene Steine bergen die Gefahr des Ausrutschens. Mit besonderer Vorsicht müssen Sie schmierige, schwarze Erde begehen, wie sie vielerorts auf Wegen im grasdurchsetzten Felsgelände vorkommt. An solchen Passagen ist reaktionsbereite leicht vorgebeugte Körperhaltung besonders notwendig.
Besondere Vorsicht bei Altschneeresten auf dem Weg!
Zu früher Stunde und bei Kälte sind die (meist) vorhandenen Stufen noch hart. Im Aufstieg werden die Schuhspitzen kräftig eingestoßen, die Handflächen liegen im Steilgelände (bei stark vorgebeugtem Körper) auf der Schneefläche auf. Gefährlicher sind Querungen bei den erwähnten Verhältnissen. Sind die Stufen ausgetreten bzw. hangabwärts geneigt, sollten Sie versuchen, mit den Schuhen neue,

sichere Tritte herauszuschlagen. Notfalls müssen Sie das Aufweichen des sommerharten Firnschnees abwarten!

Eisenwege und Drahtseile: »Vie ferrate«, wie ausgesprochene Eisensicherungs-Anlagen in Italien heißen, gehören nicht mehr in das Betätigungsfeld des Bergwanderers, weil eine sichere Begehung solcher Wege bereits Selbst- und Gefährtensicherung erfordert.
Einzelne derartige Passagen, zum Beispiel drahtseilgesicherte Wegstücke und Aufschwünge, müssen aber gelegentlich auch bei Wanderungen überwunden werden. Man denke nur an den Nordzugang (»Eggersteig«) der Steinernen Rinne (Wilder Kaiser), an den Lisengrat vom Säntis (Alpsteingebirge), an die Rote Flüh (Tannheimer Berge), die Westliche Karwendelspitze oder an den Hohen Ifen (Allgäuer Alpen).
Prüfen Sie zunächst Klammern, Stifte,

Vorsicht!
Bei Blitzgefahr sind Eisenwege
lebensgefährlich

Drahtseile etc. sorgfältig auf ihre Halt-
barkeit. Beim Aufsteigen die Augen
suchend vorausgehen lassen! Senkrechte Lage des Körperschwerpunktes
(Abb. 23) über den Füßen! Wie beim
Klettern sollte die Hauptarbeit des
Hochsteigens auch an künstlichen Trit-
ten von den Beinen geleistet werden.
Also nicht mit den Armen hochziehen!
Das zehrt auf die Dauer zu stark an
den Kräften. Stufe für Stufe nehmen,
Griffe in Augenhöhe anfassen! Auch
hier gilt das bekannte *Prinzip der drei
Haltepunkte.* Danach ruhen Hände
und Füße auf drei Haltepunkten,
während nur eine Hand oder ein Fuß
neuen Halt sucht.
Im *Steilgelände* sollte zwischen den
zwei Fixpunkten eines Drahtseiles sich
jeweils nur eine Person bewegen. Vorsicht bei beschädigten Drahtseilen! Sie
können auf den Handflächen schmerzhafte Verletzungen verursachen.

Der Abstieg

Technik: Der Abstieg verlangt von Ihnen noch größere Sicherheit im Gehen
als der Aufstieg, vor allem deshalb,
weil beim Absteigen die Bewegungen
rascher und deshalb schwieriger zu
kontrollieren sind.
Je steiler der Weg ist, desto schneller
und kürzer müssen Ihre Schritte sein.
Verlagern Sie bei jedem Schritt das
Körpergewicht sofort auf das Talbein.
Das damit verbundene harte Auftreten
geht aus den Beinen als Erschütterung
durch den ganzen Körper. Untrainierte
Wanderer verspüren danach meist starken Muskelkater, der aber schon bei
den nächsten Touren vergessen ist. Bewegung ist nämlich die erfolgreichste
Therapie gegen Muskelkater.
Beachten Sie außerdem, daß bei jedem
Schritt die Sohle ganz aufgesetzt bzw.
der Fuß von der Ferse her nach vorne

Abb. 22   Mit solchen gesicherten Passagen (am »Brett« im Aufstieg zur
Zugspitze) muß man auch auf »Wanderwegen« rechnen

Ratschlag:
Vermeide sowohl beim Auf- als auch
beim Abstieg Abkürzungen!
Sie bringen nur scheinbar Zeitersparnis
und strengen mehr an
als der übliche Wegverlauf

abgerollt wird; die Schuhspitzen sind geradeaus oder schwach nach außen gestellt hangabwärts gerichtet. Beim Abstieg im Firn und Schnee oder auf weichem Boden, werden beim Auftreten als erstes die Absätze besonders kräftig eingedrückt.

Körperhaltung: Beim Absteigen auf gewöhnlichen Wegen bleibt der Körper nahezu aufrecht, lediglich die Knie werden, der Steilheit des Weges angemessen, etwas vorgeschoben, um dem Ausgleiten nach rückwärts entgegenzuwirken. Achten Sie darauf: Bei der idealen Abstiegshaltung bleibt der Körper aufrecht im spitzen Winkel zur Neigung, das Gewicht verlagert sich stets sofort auf den unteren Fuß.

Abstiegstempo: Die Geschwindigkeit beim Absteigen richtet sich nach Ihrer Trittsicherheit und dem Zustand des Weges. Nur durch ständige Übung und Praxis ist die Eigenschaft zu erwerben, die besten Auftrittflächen blitzschnell zu erkennen und in der Tat zu erfassen. Das Abstiegstempo muß also dem Können angemessen sein. Eine gute Vorübung ist Treppensteigen auf und ab, wobei Sie stets eine Stufe auslassen.

Zeiteinteilung: Auch hier gibt es aus Erfahrung eine Faustregel: für den Abstieg rechnet man etwa die Hälfte oder (bei gemütlichem Gehen) zwei Drittel der Aufstiegszeit.

Eisenwege und Drahtseile: Auch hier gilt die gleiche Technik wie beim Aufstieg. Also auch beim Abstieg an Leitern und ähnlichen Sicherungen mit dem Gesicht zur Wand bleiben und Stufe für Stufe nehmen. Durch eine aufrechte Körperhaltung können Sie die Füße und das Auftreten sowie das richtige Belasten der Tritte kontrollieren. Wenn auch die Versuchung groß ist, sich an Drahtseilen abwärtszuhanteln, Ihrer eigenen Sicherheit zuliebe sollten Sie gerade auch an einer solchen Stelle Tritt für Tritt absteigen, langsam und bedächtig.

Abb. 23
Wesentlich beim Aufstieg an Leitern oder ähnlichen Stellen sind
1. stets drei »Festpunkte« für Hände bzw. Füße,
2. senkrechte Lage des Körperschwerpunktes über den Füßen oder dem belasteten Fuß.

Sicherheit und Erfahrung am Berg

Die alpinen Gefahren

Die Bergwelt, neben dem Meer die elementarste Naturerscheinung, birgt in der Mannigfaltigkeit ihrer besonderen Ausprägung für den Menschen zahlreiche Gefahren. Sie sind bedingt durch die Steilheit des Geländes, durch die Höhe des Berges und aller damit im Zusammenhang stehenden klimatischen Eigentümlichkeiten nebst ihren nicht immer voraussehbaren Folgen.

Objektive Gefahren: Sie rühren vom Objekt her, also beim Bergwandern von der Gebirgsnatur, und treten ohne Einwirkung des Menschen auf, da ihr Ursprung in den Naturgesetzen liegt. Den Ausschlag gibt der Zustand des Objekts (Hänge, Büsche, Wege etc.) und dessen Veränderungen durch Schnee, Regen, Sturm, Nebel usw.
Wie kann man sich gegen objektive Ge-

fahren schützen, werden Sie jetzt fragen. Die Antwort lautet: Aufmerksame Beobachtung der Naturerscheinungen, richtige Folgerungen aus diesen Erkenntnissen, sowie zweckmäßige Ausrüstung, kurz:
- Aufmerksame Beobachtung
- richtige Folgerungen
- zweckmäßige Ausrüstung

Subjektive Gefahren: Etwa 90 % aller Bergunfälle sind auf subjektive Gefahren zurückzuführen. Sie entstehen also durch den Menschen selbst, durch seine geistige und körperliche Unzulänglichkeit oder durch seine Unwissenheit. Mangelnde alpine Erfahrung sowie die Nichtbeachtung der elementarsten Wetterregeln lösen die meisten durch subjektives Fehlverhalten bedingten Bergunfälle aus.
Die häufigsten subjektiven Gefahren sollten Sie durch eigene Gewissenhaf-

Wissenswert:
Bergunfälle, ausgelöst durch objektive Gefahren, ereignen sich verhältnismäßig selten

Bergsteigerweisheit:
Eine erkannte Gefahr ist nur noch eine halbe Gefahr

tigkeit ausschalten können:

- Mangelnde Leistungsfähigkeit
- Fehlende alpine Erfahrung
- Überschätzung des persönlichen Könnens
- Falsche Wahl des Gefährten.

Unterziehen Sie sich vor Antritt jeder Bergfahrt einer grundehrlichen Selbstkontrolle: Bin ich den Anforderungen der geplanten Tour in jeder erdenklichen Situation vollauf gewachsen? Erst wenn Sie diese Frage mit einem überzeugten Ja beantworten können, dürfen Sie die Wanderung unbedenklich antreten.

Verschuldete Gefahren: In den meisten Fällen ereignen sich Bergunfälle durch das plötzliche Auftreten und Zusammenwirken von objektiven und subjektiven Gefahrenmomenten. Solche Gefahren werden als »subjektiv ausgelöste objektive Gefahren« (oder umgekehrt) bezeichnet. Verständlicher und einprägsamer ist aber der Begriff »verschuldete Gefahren«. Beispiel: Falsches Verhalten beim Wettersturz sowie mangelhafte Ausrüstung können zu einem Unglück führen. Wäre die Tour jedoch rechtzeitig abgebrochen worden oder der Wetter- und Kälteschutz ausreichend gewesen, hätte der Unfall vermieden werden können. Sie sehen: Die Gefahren der Berge dürfen nicht als einzeln auftretende Faktoren betrachtet werden. Für den verantwortungsbewußten Wanderer ist es unumgänglich, den Schauplatz seiner Bergfahrten und die richtige Art seiner Aktivität gründlich kennenzulernen.

Das Wetter

Wetterbestimmung: Zutreffende Bestimmung des Wetters ist die Voraussetzung dafür, ob Sie eine Tour in vol-

Ratschlag:
**Jeder Höhenmesser sollte mindestens
alle 3 Jahre im Fachgeschäft
darauf überprüft werden,
ob die Stellung seines Zeigers
den tatsächlichen Luftdruck angibt.
Darüber hinaus ist keine
besondere Wartung notwendig**

len Zügen genießen können, ob Sie sich mit einem Wettersturz herumschlagen müssen oder ob Sie — auch wenn wir das nicht hoffen wollen — ernsthaft in Bergnot geraten.

Vorweg: Es ist in diesem Rahmen nicht möglich, das Thema Wetter eingehend oder gar erschöpfend zu behandeln. Dafür gibt es ganz spezielle Veröffentlichungen (s. Literaturhinweise S. 78). Sinn und Zweck nachstehender Ausführungen ist es, Ihnen allgemeine Grundsätze der Wetterbestimmung zu vermitteln. Es sind praktische Ratschläge, die — ohne meteorologische Kenntnisse vorauszusetzen — nur eine annähernd sichere Wetterbestimmung erlauben. Eine hundertprozentige Voraussage ist jedoch nicht in allen Fällen möglich, auch nicht mit wissenschaftlicher Hilfe, wie die Prognosen in Rundfunk und Fernsehen immer wieder erkennen lassen.

Wetterzeichen: Jede Veränderung des Wetters kündigt sich zwar durch untrügliche Vorboten an, doch sind diese erst nach gründlicher Erfahrung zu erkennen. Die wichtigsten und die am wenigsten schwierig erkennbaren Wetterzeichen sollten Sie sich unbedingt einprägen. Aus Gründen der Einfachheit sind in der Folge nur solche Wetterzeichen aufgeführt, die nach überlieferter Bergsteigererfahrung auf eine Verschlechterung des Wetters in absehbarer Zeit schließen lassen:

- In die Höhe steigende, sich verdichtende Talnebel am Vormittag
- Sehr schnell segelnde, mehr oder weniger bauschige Höhenwolken (in etwa 10 000 Meter) bzw. Federwolken (Cirren) bringen meist innerhalb der nächsten 8 bis 15 Stunden schlechtes Wetter
- Böiger, plötzlich auffrischender Wind aus westlichen Richtungen

Abb. 24
Schäfchen- oder Lämmerwolken sind keine eindeutigen Schlechtwetterpropheten. Sie bleiben nämlich harmlos, solange sie nicht zusammen mit aufkommenden Westwinden auftreten

- Eine den ganzen Himmel überziehende, sich senkende Wolkendecke mit zerrissenen grauen Wolkenballen bringt innerhalb der nächsten 20 Minuten Regen oder Schnee
- Ungewöhnlich laue und schwüle Nächte, in denen die Sterne auffallend flimmern
- Spürbare Erwärmung der Luft am frühen Morgen, starkes Morgenrot
- In die Waldregion überwechselnde Bergschafe und Gemsen; Dohlen in Hüttennähe.

Ein Wetterumschwung und damit verbundenes, länger anhaltendes Schlechtwetter kündigt sich schon Tage früher an. Das Barometer fällt langsam, die Luft erwärmt sich zunehmend, der Himmel wird dunstig, die Nächte bringen keine Abkühlung, auch keinen Tau. Wenn das Wetter nach mehreren Regentagen mit einem Schlage aufklart, dürfen Sie sich nicht darüber hinwegtäuschen lassen, daß eine derartige Besserung meist nur von kurzer Dauer (etliche Stunden) ist.

Plötzliche, heftige Wetterstürze nach heißen Tagen haben oft tagelanges Unwetter zur Folge, gelegentlich sogar Schneefall und große Kälte. Ein wichtiger Rat: Erkundigen Sie sich vor Antritt Ihrer Tour beim Hüttenwirt nach dem voraussichtlichen Wetter. Jede Gebirgsgruppe hat nämlich ganz bestimmte örtliche Wetterzeichen.

Föhn — eine Besonderheit im Gebirge: Obwohl der Föhn als Luftströmung keineswegs ausschließlich eine Erscheinung im ostalpinen Raum ist, macht er sich dort am nachhaltigsten bemerkbar. Vom Voralpenland aus erscheinen die Hochgipfel zum Greifen nahe; manche Menschen sind übermäßig gereizt, viele klagen über Kopfschmerzen, Herzklopfen und Übelkeit.

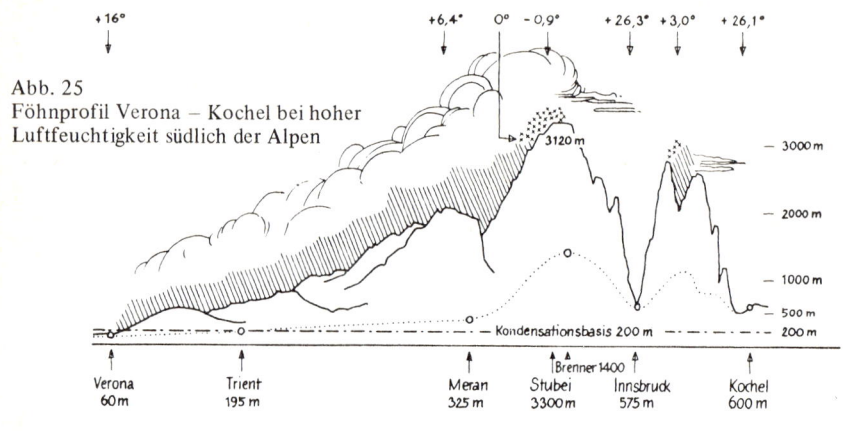

Abb. 25
Föhnprofil Verona – Kochel bei hoher
Luftfeuchtigkeit südlich der Alpen

| +16° | +6,4° | 0° | −0,9° | +26,3° | +3,0° | +26,1° |

3120 m
— 3000 m
— 2000 m
— 1000 m
— 500 m
Kondensationsbasis 200 m — 200 m

| Verona 60 m | Trient 195 m | Meran 325 m | Stubei 3300 m | Brenner 1400 | Innsbruck 575 m | Kochel 600 m |

Der Föhn tritt hauptsächlich in der Zeitspanne zwischen Oktober und Mai auf, am heftigsten im März und April. Statistiken zufolge kommt es auf der Alpennordseite zu etwa 30 bis 50 Föhneinbrüchen pro Jahr. Ihre Dauer beträgt zwischen 7 (selten) und 60 Stunden, in der Regel knapp 3 Tage. Voraussetzung für die Entstehung eines Föhneinbruches ist ein Hochdruckgebiet auf der Alpensüdseite (über der Adria oder über Jugoslawien) und ein Tiefdruckgebiet über dem westlichen Mitteleuropa. Dieses »Tief« saugt die Luft über die Alpen hinweg an (Abb. 25). Die Luftmassen steigen also auf der Alpensüdseite zum Hauptkamm an und kühlen sich dabei zunächst alle 100 Höhenmeter um jeweils 1°C ab, bis es zu Wolkenbildungen und Niederschlägen kommt. Hier fährt Rainer Pauli in »Skilauf jenseits der Pisten« (im gleichen Ver-

lag erschienen): fort »Dabei wird Wärme frei und die weitere Abkühlung beträgt je 100 Meter nur noch 0,5°C. Die Luft erreicht also die Höhe des Hauptkammes umso wärmer, je eher ihre Wolken Regen abgeben. Diese untere Grenze heißt Kondensationsbasis. Je tiefer diese Kondensationsbasis liegt, desto mehr Feuchtigkeit verliert die Luft ebenso bis zur Höhe des Hauptkammes, desto trockener fällt sie also auch jenseits in die nördlichen Täler. Zusätzlich nimmt sie als Fallwind weitere Wärme auf, und zwar wieder 1°C je 100 m Fallhöhe. Der › Teufelskreis ‹ des Föhn ist damit geschlossen.«

Ist ein Föhneinbruch, dem fast regelmäßig ein Wetterumschlag mit Abkühlung und Niederschlag folgt, frühzeitig zu erkennen? Unübersehbare Vorzeichen sind die sogenannten »Föhnfische«, langgestreckte, vorn und hin-

Abb. 26
Höhenmesser Modell »Lufft«. Ablesbar sind Ortshöhe und Luftdruck in Meereshöhe (NN = Normal-Null)

Abb. 27
Höhenmesser Modell »Thommen«. Eine Umdrehung der Nadel entspricht einer Höhendifferenz von 1000 m (Angabe im Fenster unter 0!). Auf den inneren Skalen ist der tatsächliche Luftdruck abzulesen

ten wie abgerissene Watte dünner werdende und leicht ausgefranste (meist leuchtend weiße) Wolken, die gleich einem Schwarm Fische hinter- und nebeneinander herziehen, sowie die sogenannte »Föhnmauer«, eine eigenartige Wolkenbank auf der Südseite und den Gipfeln des Alpenhauptkammes.

Der Höhenmesser als Wetterfrosch:
Ein Höhenmesser ist im Grunde genommen nichts anderes als ein Taschenbarometer mit Luftdruck- und Höhenskala. Seine Funktion beruht auf der physikalischen Erscheinung, daß der Luftdruck mit zunehmender Höhe abnimmt bzw. mit abnehmender Höhe zunimmt.
Bei konstanter Höhenlage (über Nacht in der Hütte oder in einem Talort) kann deshalb der Höhenmesser als Barometer einen »Wetterfrosch« erset-

zen. Diese Eigenschaft ist für den Wanderer besonders von Bedeutung. Andere Anwendungsmöglichkeiten sind im Bändchen »Bergsteigen« (vom gleichen Autor und im gleichen Verlag erschienen) beschrieben.
Auf dem Markt werden verschiedene Modelle angeboten. Ihre Einrichtung der Höhenskalen (der Wert zwischen zwei Teilstrichen) reicht von 10 Metern (»Thommen«) über 20 Meter (»Lufft«) zu 50 Metern (SALEWA). Für alpine Touren reicht ein Meßbereich bis 4500 Meter vollkommen aus.
Bei sachgemäßer Handhabung des Höhenmessers können Sie eine relativ sichere Wettervoraussage — wenigstens für die nächsten 12 bis 24 Stunden — treffen. In diesem Zusammenhang sollten Sie die folgenden, vom Schweizer Alpenclub in Auswertung der Angaben von Henry Hoek aufgestellten 12 *Barometerregeln* unbedingt kennen:

steigender Luftdruck

1. Steigt der Druck innerhalb weniger Stunden stark, ist eine eintretende Aufheiterung nur von kurzer Dauer.

2. Steigt der Druck im Laufe eines Tages stark, so ist schönes Wetter zu erwarten, dessen Dauer im Verhältnis zu der des Steigens steht: Steigt der Druck nur einen Tag lang, dauert das gute Wetter auch nicht länger.

3. Geht das Steigen langsam, gleichmäßig und andauernd vor sich (zwei oder mehrer Tage), ist eine längere Trockenwetterzeit in Sicht. Dreht sich gleichzeitig der Wind von West nach Nord, so ist baldige Aufklärung zu erwarten.

4. Bei anhaltendem Steigen des Druckes ist namentlich dann auf Besserung zu rechnen, wenn sich der von Süd kommende Wind über West nach Nord dreht.

5. Erreicht der Druckmesser bei Windstille und Luftfeuchtigkeit einen ungewöhnlich hohen Stand, so ist mit Nebelbildung zu rechnen, der aber meist gutes Wetter folgen wird.

6. Steigt der Druck nur nachmittags, wenn auch nur wenig, so hat dies, vor allem im Sommer, wenig zu bedeuten.

7. Steigt der Druck rasch und ruckweise, fällt dazwischen aber mehrfach ein wenig, so stellt sich meistens unbeständiges Wetter ein. Das gleiche gilt für rasches und ruckweises Fallen, das von kurzem Steigen unterbrochen ist.

8. Bei fallendem Druck kann man sicher mit Niederschlägen rechnen, wenn gleichzeitig der Wind von Nord oder Ost nach Süd oder Südwest umspringt.

9. Langes und anhaltendes Fallen deutet auf langanhaltende Niederschläge; je länger das Fallen, umso andauernder ist auch der Niederschlag.

10. Geht das Fallen ungewöhnlich rasch (und tief) vor sich, ist mit Niederschlag und starkem Wind zu rechnen.

11. Rasches, wenn auch nicht tiefes Fallen bei Windstille und Wärme läßt (besonders bei zunehmender Luftfeuchtigkeit im Sonner) Gewitter erwarten.

12. Mit großer Sicherheit folgt baldiger Regen, wenn das Fallen zwischen 10.30 und 11.30 Uhr fortdauert. Bei westlichen Winden tritt der Regen dann meistens schon innerhalb der nächsten 24 Stunden ein, bei Ostwind ein wenig später.

fallender Luftdruck

Abb. 28
Vergrößern sich die Föhnwalze am Alpenhauptkamm und die „Föhnfische" im Alpenvorland, bis sie schließlich zusammenwachsen, dann bricht der Föhn zusammen, starker Westwind setzt sich durch und bringt reichliche Niederschläge

Wind und Kälte: Die Kälte ist ein nicht zu unterschätzender Gefahrenfaktor. Wußten Sie schon, daß die Wärmeabnahme für je 100 Höhenmeter etwa 1° beträgt? Sie können also im Tal oder bei der Hütte ohne weiteres ausrechnen, welche Temperaturen in bestimmten Höhen vorherrschen. Daraus ergibt sich folgerichtig auch die Schneegrenze, die für die Planung einer Wanderung von großer Bedeutung ist. In diesem Zusammenhang ein Beispiel: Auf der Zugspitze kann die Temperatur bis zu 23° niedriger sein als in Garmisch-Partenkirchen, wenn nicht andere Einflüsse (z. B. Wärmeabgabe bei Wolkenstau) das normale Temperatur-Gefälle beeinflussen.

Vielleicht haben Sie es schon einmal selbst verspürt: Trockene Kälte allein kann der menschliche Körper bis zu verhältnismäßig niedrigen Graden ertragen. Richtig gefährlich wird es erst, wenn man in feuchter Kälte auch noch einem starken Wind ausgesetzt ist. Welche verheerende Wirkung Stürme vor allem im Gebirge haben, ist Ihnen sicherlich bekannt.

Wie sich verschiedene Windstärken im Landschaftsbild zeigen, ersehen Sie aus nebenstehender Tabelle. Es ist die sogenannte »Beaufort-Skala« — ihr geistiger Vater war der französische Admiral Beaufort im 18. Jahrhundert —, die an Land und auf Wasser als Grundlage zur Bestimmung der Windstärken dient.

Ihre Bergwanderungen sollten Sie spätestens bei Stärke 7 nach dieser Skala abbrechen. In diesem Zusammenhang ist es für Sie wichtig, zu wissen, daß sich die Heftigkeit des Windes mit zunehmender Höhe steigert. Am meisten gefährdet bei Wind und Kälte sind Finger, Nase, Ohren, Kinn und Zehen. Bester Schutz:

Windstärke	Bezeichnung	Anzeichen an Land	Windgeschw. in m/sec
0	Windstille	Rauch steigt senkrecht empor	0,0– 0,5
1	Leichter Windzug	Rauch wird verweht	0,6– 1,7
2	Leichter Wind	Wind ist im Gesicht spürbar; Blätter rascheln	1,8– 3,3
3	Schwacher Wind	Laub ist ständig in Bewegung	3,4– 5,2
4	Mäßiger Wind	Kleine Zweige werden bewegt	5,3– 7,4
5	Frischer Wind	Kleine Laubbäume neigen sich; für das Gefühl schon unangenehm	7,5– 9,8
6	Starker Wind	Bewegt große Äste; Schirme nur unter Schwierigkeiten zu benützen	9,9–12,4
7	Steifer Wind	Bewegt schwächere Bäume	12,5–15,2
8	Stürmischer Wind	Erschwert das Gehen	15,3–18,2
9	Sturm	Bringt Dachziegel aus ihrer Lage	18,3–21,5
10	Starker Sturm	Bäume werden entwurzelt	21,6–25,1
11	Schwerer Sturm	Zerstörende Wirkung verschiedener Art	25,2–29,0
12	Orkan	Allgemeine Verwüstung	über 29,0

In jüngster Zeit wurden noch festgelegt:
Windstärke 13 (37,2–41,3 m/sec) bis 17 (über 55,6 m/sec).

Abb. 29 Windstärkenskala nach Beaufort mit Angaben über die Auswirkung an Land

Warnung:
Wenn Wind und Kälte gleichzeitig
und in größeren Höhen auftreten,
bilden sie immer ernstzunehmende
alpine Gefahren

- Dem Wetter angemessene warme, trockene Bekleidung
- Ausreichende Bewegung (nur kurze Rasten im Stehen)
- Richtige Ernährung.

Um auf Dauer einen wirkungsvollen Schutz zu gewährleisten, müssen diese drei Maßnahmen eine Einheit bilden. Zwar kann sich der Körper durch Muskelzuckungen (Frösteln, Zittern) einige Zeit gegen die Kälte wehren, doch bei zu großer Abkühlung kommt es zu lebensgefährlicher Unterkühlung und schließlich zu Bewußtlosigkeit.

Nebel: Für Sie als Bergwanderer bedeutungsvoll sind weniger die *»Bodennebel«*, die durch Abkühlung bodennaher feuchter Luft entstehen, als vielmehr die sogenannten *»Höhennebel«*. Genau betrachtet sind es Wolkenschichten. Sie wechseln – besonders bei starkem Wind – rasch und schnell ihre Lage. So kann es geschehen, daß man völlig überraschend von einer grauen *»Waschküche«* umhüllt ist. Oft beträgt die Sichtweite dann nur noch 2 bis 3 Meter.

Wenn Sie als vernünftiger Bergwanderer auf den vorhandenen Wegen bleiben, kann Ihnen eigentlich nichts weiter passieren. Keine Abkürzungen riskieren! Schwieriger ist es jedoch bei Nebel, den Weg auf Karrenfeldern richtig zu finden, wie beispielsweise auf dem Gottesackerplateau (Allgäuer Alpen) oder auf der Dachstein-Hochfläche. Zwar ist die Route in einem derartigen Gelände meist mit roten Farbtupfen markiert, doch kommt es bei dichtem Nebel vor, daß von einem zum nächsten farbigem Wegzeichen keine Sichtverbindung besteht. In einer solchen Situation muß eine Person vorausgehen, um die nächste Markierung

Beachte:
Auch eine Rettungsdecke (s. S. 20)
gewährleistet bedingten Blitzschutz,
vorausgesetzt, die Folie reicht
bis zum Boden und bedeckt
den ganzen Körper

zu finden. Aber auch diese Person muß den oder die Zurückgebliebenen immer sehen können. Rufe im Nebel lassen den Standort des Rufenden nur in den seltensten Fällen sicher erkennen. Neben den Farbzeichen verhelfen oft auch Markierungsstangen zu einer besseren Orientierung.

Sobald es »nieselt« oder »nebelnäßt«, können Wege rutschig, in größeren Höhen oberhalb der Gefriergrenze auch von einer hauchdünnen Eisschicht überzogen werden. Das verursacht erhöhte, gefährliche Trittunsicherheit.

Gewitter: Bei sorgfältiger Beachtung der Wetterzeichen und bei Berücksichtigung der nach dem Höhenmesser festgestellten Angaben, müßte es Ihnen möglich sein, Überraschungen durch Gewitter zu vermeiden. Häufig wird man aber gerade in den Sommer-

monaten nach längeren Schönwetterperioden von sogenannten »Wärmegewittern« überfallen. Es handelt sich um plötzliche örtliche Gewitter, die in der Regel nach dem Höchststand der Sonne, also gegen Nachmittag, auftreten. Wenn Sie von einem eindeutig lokalen Gewitter überrascht werden — es geht so schnell vorbei wie es gekommen ist —, setzen Sie sich am besten unter den Biwaksack und warten dort das Ende des Gewitters ab. Dabei müssen Sie aber die später beschriebenen, bei Blitzgefahr notwendigen Verhaltensmaßnahmen beherzigen.

Übrigens gibt es für »Wärmegewitter« ein ganz typisches Wetterzeichen: Zur Mittagsstunde mächtige Cumulusbildung (Haufenwolken) über den Bergkämmen; ruhige, unbewegte Luft und Hitze; oder auch drückende Schwüle bei wolkenlosem Morgenhimmel.

Wie weit ist das Gewitter noch ent-

Abb. 30 Ein faszinierender Anblick: Ein Nachmittagsgewitter in den Voralpen. (Der Blitz schlägt allerdings nicht im Joch ein, sondern weiter rückwärts!)

Abb. 31
Auffallende Erhebungen ziehen Blitze bevorzugt an

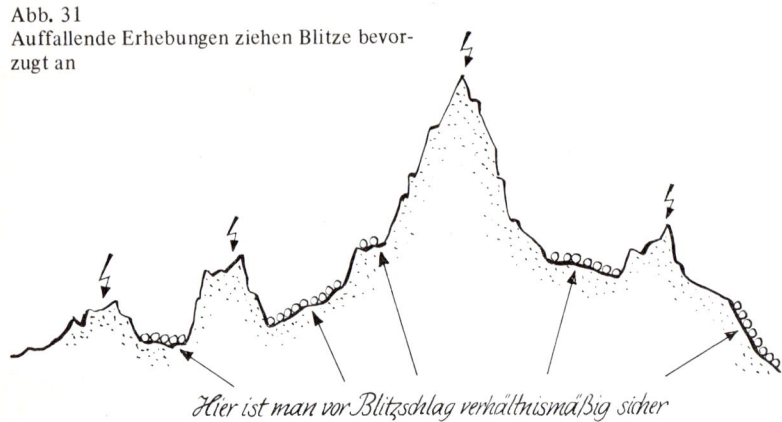

Hier ist man vor Blitzschlag verhältnismäßig sicher

fernt? Eine Antwort auf diese Frage ist im Hinblick auf die weitere Zeiteinteilung oftmals ausschlaggebend, ob Sie noch rechtzeitig vor dem Gewitter ein Dach über dem Kopf haben. Die Entfernung eines Gewitters kann recht genau nach folgender Faustregel bestimmt werden:
Zahl der Sekunden zwischen Blitz und Donner geteilt durch drei ergibt die Entfernung in Kilometern:
(3 sek = 1 km).

Blitzgefahr: Für eine drohend bevorstehende Blitzgefahr im Gebirge gibt es sichere Vorzeichen:

● Sie verspüren auf der Kopfhaut ein Kribbeln, die Haare sträuben sich in die Höhe.
● Auf unbedeckten Hautflächen haben Sie ein Gefühl, als wären diese mit Spinnengewebe überzogen.

● Bei abgeschwächtem Tageslicht vernehmen Sie leises Knistern, und an besonders hervortretenden Metallgegenständen (Gipfelkreuz, Eisenstangen etc.) ist ein bläuliches Leuchten (im Volksmund »Elmsfeuer«) zu erkennen.

Die Auswirkungen dieser Anzeichen sind harmlos. Es handelt sich zwar um stetige, aber sogenannte »stille Entladungen«. Sobald diese aber nicht mehr zum Ausgleich der Spannung reichen, kommt es zum Blitzschlag.
Unberechenbar ist der im wahrsten Sinn des Wortes »Blitz aus heiterem Himmel«. Er entsteht durch die Kondensatorwirkung einer Zwischenwolke und ist nur selten, ja meist überhaupt nicht voraussehbar.
Die früher übliche Meinung, der Blitz schlage nur in die höchsten Gipfel ein, ist nur zum Teil richtig. Eine geladene

Abb. 32
Die schraffierte Fläche entspricht der sogenannten »Schattenzone«, in der man – kein
abfließendes Wasser voraussetzt! – vor Blitzschlag relativ geschützt ist

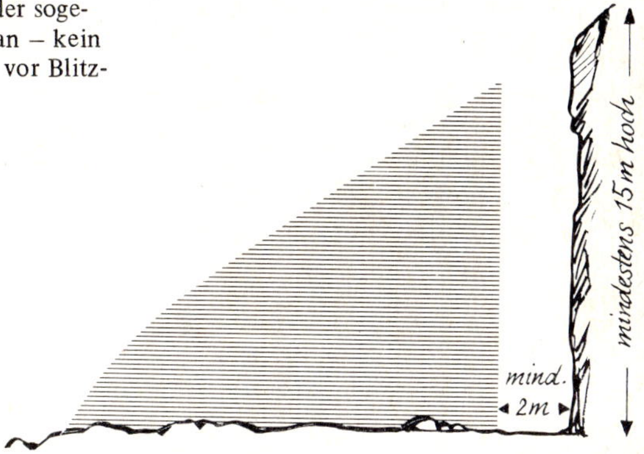

mind. 2m — *mindestens 15m hoch*

Wolke kann sich nämlich auch unter-
halb der höchsten Spitze der umste-
henden Berge befinden.

Wie Sie sich bei Blitzgefahr richtig verhalten, erklären folgende, aufs Wich-
tigste beschränkte *Bergsteigerregeln*:

- Meiden Sie ausgesetzte Gelände-
  punkte wie Gipfel und türmereiche
  Grate. Mindestabstand von Felsna-
  deln 15 Meter. Ähnliches gilt auch
  für einzeln stehende Bäume!

- Gefährlich werden können auch
  wasserführende Rinnen und Bäche,
  feuchte Felsnischen sowie große,
  einzeln liegende Felsblöcke!

- Bleiben Sie nicht aufrecht stehen,
  sondern nehmen Sie Hockstellung
  ein, beide Füße eng nebeneinander,
  Schuhe und Gesäß möglichst auf
  einer trockenen Stelle!

- Begehen Sie bei Blitzgefahr auf
  keinen Fall Eisenwege oder mit
  Drahtseilen gesicherte Stellen!

- Denken Sie an die schützende, vor di-
  rektem Einschlag nahezu sichere, sogenannte »Schattenzone« (Abb. 32)!

- Vergessen Sie nicht, daß auch jedes
  freistehende Zelt dem Blitzschlag
  ausgesetzt ist. Bei Blitzgefahr am
  besten Hockstellung einnehmen
  und die Zeltwände nicht berühren!

Der Blitzschutzsack: Seit Beginn der
siebziger Jahre ist der SALEWA-Blitz-
und Wetterschutzsack auf dem Markt.
Ausmaße 200 x 100 Zentimeter, 120 g
Gewicht; leichter als jeder Biwaksack,
aber nicht so strapazierfähig. Wie
Versuche ergeben haben, soll die
hauchdünne äußere Metallbeschich-
tung Stromstöße von 1 1/2 Millionen
Volt in den Boden ableiten, wenn die
Folie Bodenkontakt hat. Aber auch bei
Benützung des Blitzschutzsackes sind
auf jeden Fall die oben erwähnten
Verhaltensregeln einzuhalten.

Verhalten bei Unfällen

Verletzungen: Sie werden verstehen, daß dieses Büchlein schon aus Platzgründen nicht auf alle, doch recht umfangreichen Maßnahmen der Ersten Hilfe eingehen kann, zumal es dafür eigene Publikationen aus berufener Feder gibt (Literaturhinweis S. 78). Trotzdem komme ich nicht umhin, auf einige wichtige Verhaltensregeln und Vorkehrungen einzugehen. Zunächst ein Leitsatz:

Unterschätzen Sie nie die möglichen Unfallgefahren auf einer Wanderung! Ein typisches Beispiel: Meine fünfjährige Tochter hatte sich im Abstieg von der Dammkarhütte (Karwendel) beim Hinsetzen durch einen scharfen Stein am Handgelenk in Pulsnähe eine größere, stark blutende Schnittwunde zugezogen. Wir mußten den Arm abbinden und das Kind im Huckepack sofort nach Mittenwald zum nächsten Arzt bringen. Dieser Vorfall verdeutlicht, daß es auch auf breiten, anscheinend harmlosen Wanderwegen zu unvorhersehbaren Verletzungen kommen kann. Sie müssen sich notfalls zwingen, bei der Behandlung eines Unfallverletzten unbedingt Ruhe zu bewahren. Ihre Ruhe strahlt dann auf den Verletzten aus und stärkt dessen psychische Widerstandskraft.

Die hauptsächlichen Verletzungen beim Bergwandern sind:
- Aufschürfungen
- Verstauchungen
- Platzwunden.

Schwerere Verletzungen müssen von einem Arzt behandelt werden. Während Gefährten Hilfe herbeiholen — sie müssen der Bergrettung den Weg zum Verletzten genau beschreiben können —, betreuen die Zurückgebliebenen den Verletzten. Er darf nicht al-

Abb. 33　Unter der abweisenden Fünffingerspitze führt ein guter Wandersteig entlang ▶

Abb. 34   Sorgen Sie bei Rasten für ausreichenden Sonnenschutz.
Pralle Sonne macht müde und leistungsschwach

lein gelassen werden. Wenn Sie nur zu zweit unterwegs sind, und Ihr Gefährte wird so schwer verletzt, daß er nicht mehr gehen kann, dann ist der Tatbestand der Bergnot gegeben: Also Hilfe anfordern (s. S. 60)! Ist das nicht möglich, bleibt Ihnen nichts anderes übrig, als selbst Hilfe zu holen. Bevor Sie aber den Gefährten verlassen, müssen Sie sich davon überzeugen, daß er an einem vor Regen etc. geschützten Platz liegt und daß er warm und bequem gelagert ist (Rettungsdecke, Biwaksack!).

Krankheiten: Im Gegensatz zu Verletzungen werden Bergkrankheiten infolge ihres Erscheinungsbildes meist erst zu spät erkannt. Deshalb sind vorbeugende Maßnahmen außerordentlich wichtig, ebenso das Wissen um die ersten Anzeichen. Zum Beispiel sollten Sie sich, wie schon unter »Höhenanpassung« (S. 25) ausdrücklich betont, für den Aufenthalt in größeren Höhen akklimatisieren. Macht sich die Bergkrankheit einmal bemerkbar (Müdigkeit, Schwindelgefühl, Übelkeit, Brechreiz usw.), gibt es nur eine wirksame Hilfsmaßnahme: Sofortige Rückkehr in tiefere Regionen, weil in der Höhe keine Zufuhr von notwendigen Sauerstoffzulagen möglich ist.

Sonnenbrand: Wer hat nicht schon einmal einen Sonnenbrand abbekommen? Meist bleibt es bei einigen Blasen. Es gibt aber auch sehr schmerzhafte Erscheinungen, vor allem wenn es auf größeren Körperflächen zu Verbrennungen kommt. Dann ist eine fachärztliche Behandlung unumgänglich nötig.
Sämtliche der Bestrahlung schutzlos ausgesetzten Körperteile müssen mit (wasserarmen)   Lichtschutzmitteln

Abb. 35   Nur im Notfall kann Pappe an der Brille als seitlicher Strahlenschutz dienen

schon rechtzeitig vorher eingerieben werden. Der damit verbunden Schutz bleibt aber nur wirksam, wenn Sie ihn von Zeit zu Zeit erneuern. Führende Sonnenschutzmittel-Hersteller geben jetzt jeweils den »Schutzfaktor« an (1–10). »Irgendeine Creme« sollten Sie nicht verwenden. Sie bestrafen sich damit nur selbst!

Abhilfe: Entgegen der bisher landläufigen Meinung hilft nur sofortige ausgiebige Kühlung durch Kaltwasser oder Schnee! Behandlung mit warmem Wasser ist überholt! Zusätzlich bei Hautschmerzen: Brand- und Wundgel (Medice) oder Tschamba-Fii oder höchstkonzentrierten schwarzen Tee. Überdies bei schmerzhaften Schwellungen: reichlich Getränke, besonders Milch, keinesfalls Alkohol! Zusätzlich bei Blasenbildung: Blasen eintrocknen lassen, nicht öffnen, Infektionsgefahr!

Vor Schneeblindheit bzw. vor zu starker Sonneneinwirkung mit kurzwelligen UV-Strahlen müssen Sie die Augen rechtzeitig schützen. In diesem Zusammenhang sollten Sie auch wissen, daß bei Nebel oder Dunst die Lichtverhältnisse für das Auge besonders gefährlich sind. Schutz bietet eine Sonnenbrille (mit Seitenschutz) mit Neophan- oder Umbral-Gläsern mit einer mindestens 85prozentigen Absorption. Kaufen Sie nur Markenbrillen!

Abhilfe: Unterwegs: Enganliegende Notbrille aus Pappe oder mehreren Papierlagen mit Lochschlitz zum notdürftigen Sehen, evtl. Augen lichtdicht verbinden und den Erkrankten führen. Im Quartier: Einige Tage Ruhe in möglichst dunklen Räumen, sehr dunkle Brille, notfalls schmerzlindernde Umschläge mit höchstkonzentriertem schwarzen Tee, Kamillentee oder Sauerkraut. Kein Alkohol!

Treffende Worte eines Bergrettungsmannes:
»**Man rettet gern, wo es geboten,**
doch ungern bloße Idioten . . .«

Der Sonnenstich ist eine besonders heimtückische Bergkrankheit, weil er sich erst dann bemerkbar macht, wenn die Bestrahlung schon vorüber ist. Einziger Schutz: eine Kopfbedeckung (möglichst weiß, nicht aus Kunstfasern) mit Rand. Besonders wichtig ist der Nackenschutz. Bei dünner Wolken- oder Nebelschicht können auch schon ohne direkte Sonneneinwirkung solche Strahlungsschäden auftreten.
Abhilfe: Mit erhöhtem Kopf im Schatten lagern, rasche Abkühlung durch Kopf-Nacken-Umschläge mit Wasser oder Schnee, notfalls durch »Windmühle« mit Anoraks. Kein Alkohol!

Ein Hitzschlag läßt sich durch sinnvolle Wärmeregulierung der Kleidung vermeiden. das heißt: Ihre Kleidung darf den Zutritt von kühlender Luft nicht verhindern, sonst kommt es zum Wärmestau und Zusammenbruch.

Abhilfe: Flach im Schatten lagern, Kleidung öffnen, eiliges Abkühlen des ganzen Körpers, vor allem des Brustraumes mit Wasser, Schnee, notfalls durch »Windmühlen«. Lebensgefahr! Kein Alkohol!

In Bergnot

Zur Hilfe verpflichtet: Bergnot kann vielerlei Ursachen haben: *Erschöpfung, Verletzung, Krankheit, Verirren.* Die Folge ist aber immer gleich: Der Betroffene ist nicht mehr in der Lage, die Tour fortzusetzen und benötigt Hilfe. Zur Hilfeleistung ist bekanntlich durch Gesetz jeder verpflichtet. Sofern Sie zu einer direkten Hilfeleistung nicht in der Lage sind, müssen Sie wenigstens (sofern nicht schon geschehen) den Bergrettungsdienst alarmieren.
Besonders schwer betroffen in Bergnot sind Alleingänger. Aus diesem Grund

Abb. 36 Eine seltene Erscheinung im Gebirge: Die Sonne spiegelt sich auf kalter Luftschicht im Talboden ▶

sollten Sie eine Wanderung im Gebirge nach Möglichkeit nur in erfahrener Begleitung antreten.

Überraschender Einbruch der Nacht ist noch lange kein Grund, in Panik zu geraten. Auf breiten Wegen kann man meist auch nachts die Tour fortsetzen, auf alle Fälle aber mit Hilfe einer Taschenlampe, die in jeden Rucksack gehört. Sollten Sie bei Dunkelheit jedoch vom Weg abkommen, wird die Lage schon etwas schwieriger: Weitergehen oder Biwakieren? Wenn Sie das Gelände gut kennen und überzeugt sind, auch ohne Weg zurechtzukommen, können Sie die Tour natürlich fortsetzen, sofern es nicht »stockdunkel« ist und Sie die Hand nicht mehr vor dem Gesicht erkennen können. Am sichersten ist aber ein Biwak an Ort und Stelle. In einer derartigen Situation kann man noch nicht von Bergnot sprechen. Eine Nacht unter der schützenden Hülle des Biwaksackes, ist für manchen, warm angezogen und auf einem bequemen Platz, schon zum nachhaltigen Erlebnis geworden.

Richtiges Verhalten in Bergnot: Wenn Sie selbst in Bergnot geraten, gibt es zunächst nur eines: Ruhe bewahren. Jeder unüberlegte weitere Schritt kann Ihnen nämlich zum Verhängnis werden.

Soweit möglich, suchen Sie zunächst ausreichenden Schutz vor Wind, Wetter und Steinschlag. Sobald dafür gesorgt ist, gehen Sie daran, sich mit Hilfe des alpinen Notsignals bemerkbar zu machen und damit auf Ihre Hilfebedürftigkeit hinzuweisen! Dieses Rufzeichen wird international verstanden.

Prägen Sie sich deshalb das alpine Notsignal so nachdrücklich ein, daß Sie selbst noch im Unterbewußtsein die

Merke:
Für eine Gruppe gilt beim Bergwandern
ganz besonders die alte Weisheit:
»Eine Kette ist nur so stark
wie ihr schwächstes Glied«

Zeichen abgeben und die Antworten registrieren können!
Beruhigend für jeden in Bergnot geratenen Menschen ist es, wenn er im Tal oder auf der Hütte sein Tourenziel angegeben hat.

Notbiwak: Als Kälteschutz wird der Biwaksack von unten über die Beine gezogen. Oben sollte die Perlonhülle zugezogen werden, damit so wenig wie möglich Wärme entweichen kann. Enges Zusammenkauern und Aneinanderschmiegen verhindert allzugroßen Wärmeverlust. Soweit vorhanden und notwendig, sollten Sie vorher nasse Kleidung gegen trockene Wäsche auswechseln. Als Wetter- (Regen-)schutz stülpen Sie den Biwaksack über den Kopf (ähnlich Abb. 15).

Bergwandern für jung und alt

Das Erlebnis in der Gruppe

Vorbereitung: Viel mehr noch als für den Einzelwanderer oder für die Familientour, ist für den Führer von Gruppenwanderungen eine gewissenhafte Vorbereitung notwendig. Für Gruppenfahrten Verantwortliche sollten sich zunächst in Vorgebirgs- und Mittelgebirgsregionen als Führer bewähren, noch besser: Ausbildungskurse der alpinen Verbände besucht haben. Kurz: Als Führer einer Gruppe im Gebirge müssen Sie ein in der Tat ein sehr erfahrener Bergwanderer sein. Von großem Vorteil ist es, wenn Sie die geplante Tour bereits aus eigenem Erleben kennen. Das hilft einmal bei der richtigen Zeitplanung – die Gruppe ist stets etwas langsamer als der Einzelwanderer – und erlaubt darüber hinaus die Zusammenstellung der Gruppe auf die Anforderungen der Tour an jeden Einzelnen abzustimmen. Voraussetzung dafür ist jedoch, daß Sie über das Leistungsvermögen der Teilnehmer gut unterrichtet sind.

Auch in diesem Zusammenhang gilt das früher Gesagte: Eine Kette (= Gruppe) ist nur so stark wie ihr schwächstes Glied (= Teilnehmer). Das müssen Sie bei der Vorbereitung für jede Gruppenwanderung bedenken, bei der Zeitplanung, bei der Wegeinteilung, bei der Verteilung allgemeiner Lasten, aber auch bei der besonderen Belastung einzelner Leistungsfähigerer bei drohenden oder bereits eingetretenen Schwächeanfällen.

Durchführung: Wandergruppen in den Bergen sind am beweglichsten, wenn sie die Teilnehmerzahl (höchstens 12 Personen) nicht überschreiten. Wenn Sie Bergunerfahrene in Ihrer Jugendgruppe haben, sollten diese mindestens

Abb. 37   Beim Bergwandern mit Kindern spielt Abwechslung eine große Rolle, wie hier das Plantschen an einem Bach

10 Jahre alt sein und der geplanten Tour körperlich gewachsen sein. Gerade als Führer einer Jugengruppe müssen Sie auf uneingeschränkter Autorität bestehen.

Eine Wandergruppe soll am Berg stets dicht aufgeschlossen bleiben. Der offensichtlich schwächste Teilnehmer bekommt seinen Platz hinter dem Führer der Gruppe an zweiter Stelle, damit das Gehtempo seiner Verfassung entsprechend beschleunigt oder gedrosselt werden kann. Als Schlußmann wird ein erfahrener Berggeher eingeteilt, welcher der Tour mit seiner Kondition spielend gewachsen ist. Als Gruppenführer müssen Sie sich auf diese Person »blind« verlassen können. Dieser Mann ist dafür verantwortlich, daß die Gruppe zusammenbleibt. Er überprüft vor dem Weitergehen die Rastplätze auf liegengebliebene Ausrüstungsgegenstände sowie auf Sauberkeit.

Um eine Gruppe auf mehrtägigen Touren ausreichend mit Verpflegung versorgen zu können, muß der Rucksackproviant entweder entsprechend reichhaltig sein, oder Sie melden die Gruppe frühzeitig auf den Hütten an, damit sich die Wirte darauf einrichten können. Rechtzeitige Anmeldung von Gruppen ist auch der Übernachtung wegen angeraten.

Berücksichtigen Sie, daß Sie in Hütten oder Berggasthöfen nur in den seltensten Fällen Rucksackproviant erhalten können. Gruppen müssen sich demnach ihren ganzen Proviant vorsorglich schon in Talorten kaufen.

Beim Abstieg geht der Führer an letzter Stelle. Dadurch übersieht er die Gruppe am besten. Auch jetzt gehen die Wanderer dicht aufgeschlossen hintereinander, angeführt vom »Schlußmann«, der nun auch das angemessene Tempo bestimmt.

Ratschlag:
**Bei Wanderungen mit Kindern sollten
die erwachsenen Personen
in jeder Situation Ruhe ausstrahlen.**
Das setzt aber voraus,
**daß die Erwachsenen selbst absolut
sicher und bergerfahren sind**

Mit Kindern in den Bergen

Kein Leistungsbergsteigen: Erwachsene sollten endlich einmal Schluß damit machen, ihren Kindern das Bergwandern als eine Art Leistungssport aufzuzwingen. Kinder, die unter Leistungszwang in und auf die Berge getrieben werden, haben bald die Nase voll davon und verlieren im Laufe der Zeit jegliche Lust am Bergsteigen. Es ist grober Unfug – wie am Schinder (Valepptal) geschehen –, wenn für einen mehrstündigen Aufstieg die gestoppte Zeit von Kindern[!] auf die Sekunde genau ins Gipfelbuch eingetragen wird! Der Ehrgeiz vieler Eltern, aus ihrem Sprößling schon im Kindesalter einen großen Alpinisten zu machen, wird nur in den seltensten Fällen vom Erfolg gekrönt. Meist wird gerade das Gegenteil bewirkt, das heißt, die Kinder haben, einmal der gängelnden Hand ihrer Eltern entwachsen, nicht mehr das geringste Interesse an der Bergwelt. Kinder wollen nun einmal auch in den Bergen Kinder sein. Und das mit allem Drum und Dran. Gönnen Sie Ihnen dieses kindgemäße Erlebnis und schulmeistern sie nicht!

Mit Ausnahme von Tagestouren sollten Sie bei der Wahl des Urlaubsgebietes und des Urlaubsortes auf das Verlangen Ihres Kindes Rücksicht nehmen. Ein Ausgangsort, von dem es zu den nächsten Hütten bereits 4 Stunden Aufstieg sind, ist für einen Aufenthalt mit Kindern nicht ideal. Um den Interessen der Kleinen gerecht werden zu können, sollte der Urlaubsort auch nicht am steilen Berghang »kleben«, denn dort entfällt jegliche spielerische Entfaltung. Je kleiner die Kinder sind, desto mehr steht das Spielerische im Vordergrund. Kinder bis zu 9 Jahren sind meist von einem Bächlein mehr

Abb. 38   Mit Kindern in die Berge? – Ja! – Aber gerade am Gipfel gehören sie an den »Kälberstrick« (Hochplatte vor Geiselstein) ▶

begeistert als von einem hohen, formschönen Gipfel. Das liegt in der Natur eines jeden Kindes, und dies müssen Sie bei der Tourenplanung mit der Familie auch berücksichtigen.

Spielerisch an den Berg heranführen: Führen Sie Ihr Kind spielerisch an den Berg heran und öffnen Sie ihm auf dieselbe Art die Augen für alle Wunder der Natur.

Als *erste* Wanderungen mit Kindern eignen sich, schon allein wegen der allmählichen Anpaßung an gesteigerte Leistungen, Spaziergänge auf möglichst breiten Wegen ohne allzu große Höhenunterschiede. Dabei sollten sie mindestens die doppelte als die angegebene Gehzeit einplanen. Suchen Sie das Gelände so aus, daß sich die Kinder richtig austoben können. Rasten Sie an einem Bach, lassen Sie die Kinder ruhig im Wasser plantschen, Dämme bauen oder mit Steinchen werfen! Bleiben Sie unterwegs auch einmal bei einem Ameisenhaufen stehen, hören Sie auf Vogelstimmen, weisen Sie auf besondere Baumarten und Pflanzen hin, aber nicht im Schulmeisterton. Auf Sagen oder ähnliche spannende Geschichten sprechen Kinder besonders an, aber nicht gerade in glühender Mittagssonne! Fast jede Gebirgsgruppe hat ihre besonderen Eigenheiten, man muß sich als Erwachsener nur rechtzeitig vorher mit ihnen vertraut machen.

Bergwandern abwärts: Der nächste Schritt sind dann schon ausgesprochene Bergwanderungen, aber vorerst einmal im Abstieg, also unter Benützung von Seilbahnen. Jetzt können Sie den Kindern in groben Zügen die Entstehung von Berg und Tal erklären. Rechnen Sie aber auch beim Abstieg mit

Abb. 39   Das Edelweiß blüht auch noch neben felsigen Wanderwegen.
Laßt es stehen! Ein Foto ist bleibendere Erinnerung!

Abb. 40
Mindestens den Sackstichknoten muß jeder
Bergwanderer beherrschen

längeren Rasten! Sie haben bestimmt schon selbst verspürt, wie anstrengend ein längerer und vor allem ein steiler Abstieg ist. Meiden Sie deshalb nach Möglichkeit jene Abstiege, bei denen der Weg gestuft angelegt ist. Kinder haben nämlich viel kürzere Beine als Erwachsene (für die solche Wege gedacht sind) und tun sich da sehr schwer. Lassen Sie ruhig einmal das Kind vorangehen und auf die Wegetafeln sowie auf die richtigen Markierungen achten! Sparen Sie auch nicht mit Lob und Anerkennung nach vollbrachter Tat! Das spornt Kinder ebenso an wie Erwachsene.

Bekleidung und Ausrüstung: Bei der Bekleidung gilt für Kinder im großen und ganzen das gleiche wie für Erwachsene. Nur mit dem Unterschied, daß sie, vornehmlich die Hose, noch strapazierfähiger sein soll. Auf Spaziergängen und kürzeren Wanderungen haben sich Jeans bewährt. Selbstverständlich haben Sie dann im Rucksack ausreichend Kleidung zum Wechseln dabei. Weniger für den Fall eines Wettersturzes – obwohl Sie auch damit rechnen müssen –, sondern hauptsächlich deswegen, weil Kinder schnell mal dreckig sind, in einen Bach platschen oder sich beim Herumtoben die Kleidung völlig zerreißen. Sorgen Sie für entsprechende Reserven an Bekleidung!

Gewöhnen Sie die Kinder nach und nach daran, den eigenen Rucksack zu tragen. Er ist natürlich nicht gewichtig. Manche Kinder fühlen sich aber dann stolz als »richtige Bergsteiger«. Spezielle Kinderrucksäcke hat zum Beispiel die Firma DEUTER entwickelt. Es gibt davon verschiedene Modelle, die alle recht farbenfroh sind, also leicht aufzufinden, wenn sie unterwegs einmal »vergessen« wurden.

Abb. 41
ELITE-Kinderbrustgürtel,
Auflagefläche 45 mm,
Schultergurte, verstellbar
von 30 bis 70 cm, Bruchlast
3000 kg

Essen und Trinken: Bei Kindern steht auf der Tour das Essen erst an zweiter Stelle. Vorrangig ist der Durst, das Trinken. Also: Nehmen Sie ausreichend Getränke (auch Obst) mit und ergänzen Sie den Getränkevorrat bei jeder sich bietenden Gelegenheit. Je kleiner die Kinder sind, desto öfter und mehr sollen sie trinken, am besten in kleinen Schlucken. Spendieren Sie auch einmal zum Abschluß ein Eis!
Was Kinder unterwegs gern essen, sollten Sie selbst vor der Tour bestimmen dürfen. Nicht alles, was uns Erwachsenen schmeckt, ist auch für die Kinder lecker. Selbstverständlich soll die »Brotzeit« leicht verdaulich und nicht zu trocken sein.

Mit Kindern auf Bergfahrt: Ungefähr ab 9 Jahren können Sie bei Kindern schon einen gewissen bergsteigerischen Ehrgeiz wecken. Legen Sie ruhig ein »Bergfahrtenbuch« mit Skizzen und Erinnerungsfotos an! Hüttenstempel nicht vergessen! Vorläufig sollte aber der Gipfelaufstieg nicht länger als 2 Stunden dauern. Dies setzt bei den meisten Bergen voraus, daß der erste Teil des Aufstieges mit einer Seilbahn oder einem Lift bewältigt wird. Und das ist gut so, denn ein mehrstündiger Anmarsch zum Berg verdirbt Ihren Kindern wahrscheinlich die Freude am Weiterweg zum Gipfel. Natürlich können Sie auch in einer Hütte Zwischenstation (= Übernachtung) machen. Anstiege, die schon von unten bis zum Gipfel voll einzusehen sind und außerdem noch in langen Kehren verlaufen, lieben Kinder gar nicht. Sie brauchen einfach Abwechslung – »Action«.
Bei Bergwanderungen mit Kindern müssen Sie als Erwachsener stets der ruhende Pol sein. Das setzt unter ande-

Abb. 42
ELITE-Kinderbrust-
gürtel, Auflagefläche
55 mm, Brustweite und
Trägerlängen sind
stufenlos verstellbar

rem absolute Sicherheit voraus. Jede Unsicherheit überträgt sich nämlich sofort auf Ihr Kind. Es bekommt Angst – sogar ein Schock ist im Bereich des Möglichen –, und die Freude an der Tour ist vorbei, in schlimmen Fällen sogar für immer.

Mit Kindern am Seil: Es wird kaum ein Kind geben, daß nicht eine angeborene Begabung zum Klettern erkennen läßt und damit einem Urinstinkt folgt. Gerne werden große Felsbrocken am Weg »bezwungen«. Diesem Verlangen können Sie als Eltern nichts entgegensetzen. Doch schon hier müßten Sie Ihr Kind sichern, sobald es sich einige Meter über dem Boden befindet. Wie schnell kann es den Halt verlieren, ausrutschen, sich Schrammen zuziehen, ganz zu schweigen von ernsthaften Verletzungen.

Sobald das Gelände, durch das der Weg verläuft, so stark abschüssig wird, daß bei eventuellem Stolpern oder Ausrutschen ein weiteres Abgleiten möglich ist, sind Kinder ans Seil zu nehmen! Beim Abstieg noch eher als beim Aufstieg, vorrangig auf rutschigen, verschneiten oder durch Altschneereste unterbrochenen Wegen. Sie werden sich wundern, wie »groß« sich Ihr Kind fühlt, wenn es am Seil geht. Leider wird von Seilsicherungen für Kinder in den Bergen noch immer zu wenig Gebrauch gemacht, obwohl Sie gerade bei Wanderungen mit Kindern im Gebirge nichts unterlassen sollten, was ihrer Sicherheit dient.

Seil und Klettergürtel: Für Bergwanderungen mit Kindern genügt ein Kernmantel-Sicherungsseil mit einem Durchmesser von 8 mm und einer Länge von 15 Metern. Wenn Sie sich selbst nicht anseilen, legen Sie das Seil

Abb. 43
Anseiltechnik mit Klettergürtel, Schraubka-
rabiner und Sackstichknoten

Abb. 44
STUBAI-Leichtmetall-
karabiner mit Schraub-
sicherung, Gewicht
80 g, Bruchfestigkeit
2200–2800 kp

in einer Schlinge schräg über Brust und
Schulter und nehmen eine Griffschlau-
fe beim Gehen in die jeweils talseitige
Hand. Für das Anseilen des Kindes
nehmen Sie am besten einen Klettergürtel. Er hat sich gegenüber der früher
üblichen Anseilmethode mit einer
Reepschnur wegen der höheren Sicherheit durchgesetzt. Überdies ist das An-
und Ausseilen bei Verwendung eines
Klettergürtels viel einfacher: Den Sackstichknoten des Sicherungsseiles
müssen Sie lediglich aus dem Schraub-
karabiner nehmen, und schon ist das
Kind ausgeseilt, behält aber den Klettergürtel für den Fall, daß nochmals
eine Seilsicherung nötig wird weiterhin
an. Selbstverständlich können an ein
Seil auch mehrere Kinder genommen
werden. Kinderklettergürtel werden
unter anderen von den Firmen EDEL-
RID und KESEL (»Elite«) hergestellt.
Sie sind im Brustumfang verstellbar

und nehmen im Rucksack nur wenig
Platz ein (Abb. 41 und 42).

Kinder auf dem Rücken: Kleinkinder,
die einem längeren Spaziergang oder
einer Wanderung noch nicht gewachsen sind, nehmen Sie am besten auf
einer Teilstrecke in einer Kindertrage-
kraxe mit. Dabei soll der »Ausblick«
nach vorne gehen, das ist interessanter
als der »Rückblick«.

Bergwandern im Alter

Wer rastet, der rostet: Auch hohes Alter ist, sofern es der Organismus erlaubt, kein Grund, mit dem Bergwandern aufzuhören. Im Gegenteil, gerade
für den älter werdenden Menschen ist
Bewegung überaus wichtig. Denken Sie
immer daran: »Wer rastet, der rostet«.
Aber auch Leute, die früher nicht in
die Berge gegangen sind, können selbst

noch im Alter mit dem Wandern beginnen. Es gibt zahlreiche besuchenswerte Berggebiete, die zum Teil mit einer Seilbahn erschlossen sind, wodurch sich verhältnismäßig wenig anstrengende Gipfelaufstiege oder »Wanderungen bergab« anbieten. Häufig sind Seilbahn-Bergstationen auch Ausgangspunkte für Höhenwanderungen und Überschreitungen, bei denen dann keine übermäßig großen Höhenunterschiede mehr bewältigt werden müssen.

Voraussetzung für das Bergwandern im Alter ist natürlich eine entsprechende Gesundheit. Lassen Sie sich deshalb regelmäßig von Ihrem Arzt untersuchen. Nur er kann Ihnen sagen, welche Beanspruchungen Sie Ihrem Körper noch zumuten können und dürfen. Das beste Training für Bergwanderungen sind regelmäßige ausgedehnte Spaziergänge, bei denen das Tempo allmählich und mit Pausen gesteigert wird. Überdies setzt Bergwandern im Alter eine vernünftige Lebensweise voraus.

Lassen Sie sich also Zeit! Nehmen Sie sich nicht zuviel vor! Überschätzen Sie nicht Ihre Leistungsfähigkeit! Steigungen, die Sie früher vielleicht im Eilschritt genommen haben, erfordern heute wesentlich mehr Zeit. Gehen Sie nur in Begleitung anderer erfahrener Personen in die Berge! Lassen Sie sich von Ihrem Hausarzt vorsorglich ein Mittel gegen mögliche, plötzlich auftretende Herz- und Kreislaufschwierigkeiten verschreiben!

Naturschutz — dringender denn je

Rettet die Bergwelt!

Mit zunehmendem Vordringen der Zivilisation in alpines Ödland ist ein wirkungsvoller Naturschutz heute wichtiger den je. Er ist sogar durch das Gesetz geregelt. Paragraph 1 lautet: »Das Naturschutzgesetz dient dem Schutze und der Pflege der heimatlichen Natur in allen ihren Erscheinungen. Der Naturschutz im Sinne des Gesetzes erstreckt sich auf:

a) Pflanzen und nicht jagdbare Tiere,
b) Naturdenkmale und ihre Umgebung,
c) Naturschutzgebiete,
d) sonstige Landschaftsteile in der freien Natur,

deren Erhaltung wegen ihrer Seltenheit, Schönheit, Eigenart oder wegen ihrer wissenschaftlichen, heimatlichen, forst- oder jagdlichen Bedeutung im allgemeinen Interesse liegt.«

Naturschutz in der Tat

Es sollte für Sie eine Selbstverständlichkeit sein, mitzuhelfen und mitzuwirken, die Berge in ihrer Natürlichkeit zu erhalten. Welche Pflanzen geschützt sind, sehen Sie eindeutig auf den großen Tafeln »Schützt die Pflanzen«, welche die Bergwacht in jeder Hütte, an Bahnhöfen im Alpengebiet usw. angeschlagen hat. Schön wäre es, wenn jeder Bergwanderer so vernünftig wäre und überhaupt keine Alpenpflanze pflücken würde. Sie sind nämlich am schönsten dort, wo sie wachsen. Einmal abgepflückt, verlieren sie bald ihre ursprüngliche Schönheit.

Ebenso wichtig wie die Erhaltung der Pflanzenwelt ist der Schutz der alpinen Tierwelt. Ist es Ihnen schon aufgefallen, daß es in den Dolomiten kaum noch eine Gemse gibt? Dort wurde und wird noch immer ein unverant-

Küchenschelle

Edelweiß

Alpenakelei

Gestreiftes Steinrösl

Alpenveilchen

Rauher Enzian

Alpenanemone

Abb. 45   31 Alpenblumen sind gesetzlich geschützt. Durch die Raffgier
des Massentourismus sind dennoch die 14 abgebildeten
in ihrem Bestand sehr gefährdet, z. T. schon fast ausgerottet

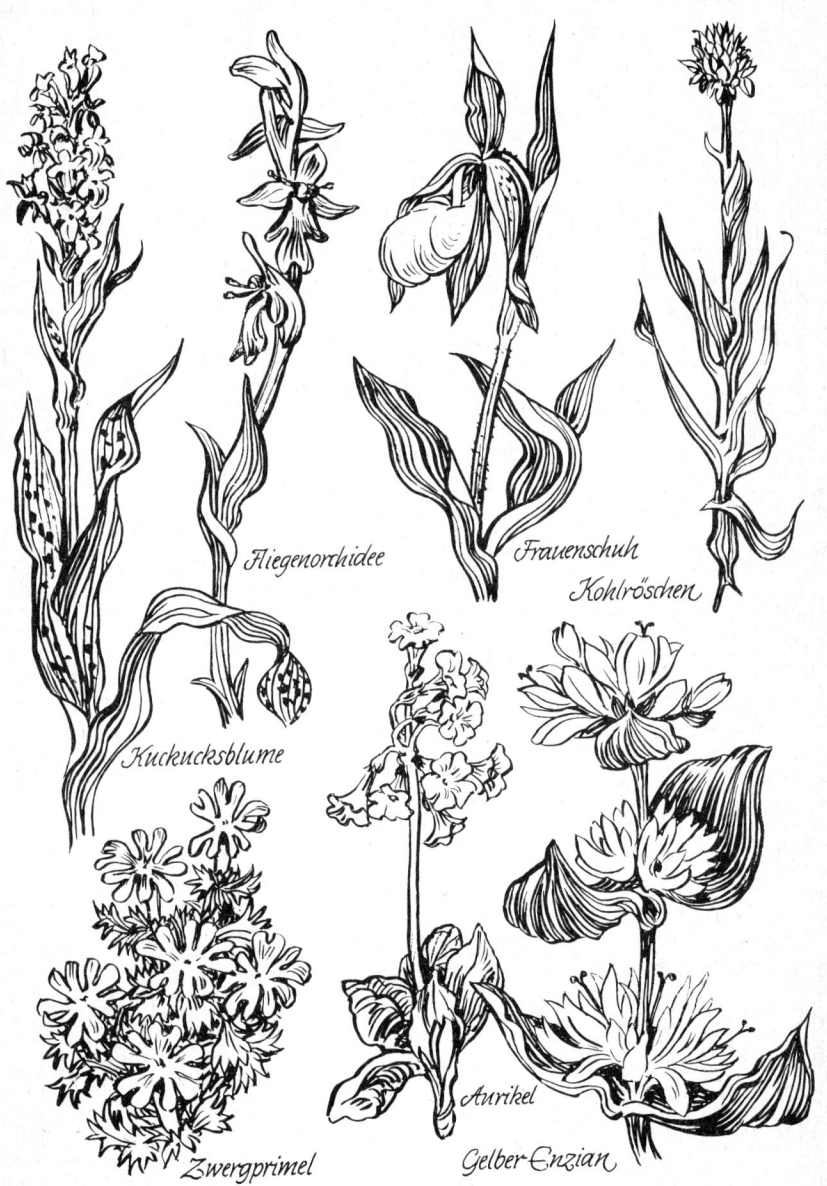

Fliegenorchidee

Frauenschuh

Kohlröschen

Kuckucksblume

Aurikel

Zwergprimel

Gelber-Enzian

Abb. 46   So sollte es in den Bergen nicht aussehen an Rastplätzen

wortlicher Raubbau der Tierwelt getrieben.

Lassen Sie die Eidechse, den Molch, den Salamander, sowie Frösche und Kröten in ihrem natürlichen Lebensraum. Zuhause, im Terrarium, gehen diese Tiere meist schon nach kurzer Zeit ein. Erfreuen Sie sich an der bunten Vielfalt der Schmetterlinge, stören Sie die Ameisen nicht, nehmen Sie Rücksicht auf die Gemsen! Auch Kreuzottern bzw. Vipern sind für das biologische Gleichgewicht in der Natur von Bedeutung. Und wenn sie auch giftig sind (ein Biß ist für Kleinkinder sowie für Erwachsene mit labilem Kreislauf besonders gefährlich!), erschlagen braucht man sie deshalb nicht, zumal sie meist schon beim Herannahen eines Menschen die Flucht ergreifen.

Wenn Sie wirklich echte Begeisterung für die Tier- und Pflanzenwelt der Al-

pen haben, dann verhilft Ihnen der Fotoapparat zu langfristigen und besseren Erinnerungen als eine vergängliche »Sammlertrophäe«.

Das Problem unserer Zeit: Umweltschutz

Der Umwelt- oder Landschaftsschutz ist ein Teil des Naturschutzes. Es kommt heute nicht selten vor, daß es auf einem Gipfel oder in Hüttennähe ähnlich aussieht wie auf einem Müllplatz. Das ist traurig, um nicht zu sagen beschämend für die Zunft der Bergwanderer. Seit 1976 wird das Wegwerfen von Plastiktüten, Taschentüchern etc. mit DM 10,– bestraft; wer Bierdosen, Konservenbüchsen usw. liegen läßt, muß DM 20,– »berappen«. Hoffen wir, daß das Abfallbeseitigungsgesetz die notwendige Wirkung erzielt! Tun auch Sie etwas dazu!

Übernachtung in den Bergen

Abb. 47
Richtiger Eintrag im Hüttenbuch

Die Schutzhütten

Die Hütten in den Alpen gehören zum größten Teil alpinen Vereinen, z. B. dem Deutschen Alpenverein (8 München 22, Praterinsel 5), dem Österreichischen Alpenverein (Innsbruck), dem Schweizer Alpenclub, dem Südtiroler Alpenverein, dem Club Alpin Français, dem Club Alpino Italiano oder dem Touristenverein »Die Naturfreunde«. Allein der Deutsche und der Österreichische Alpenverein unterhalten in ihren Arbeitsgebieten rund 500 Schutzhütten, in denen Mitglieder alpiner Vereine verbilligt übernachten können. Es stehen Zimmer mit zwei und mehr Betten sowie Matratzenlager mit zwei Wolldecken (zum halben Preis) zur Verfügung.

Fast in allen Hütten werden Speisen und Getränke ausgegeben. Sie können aber auch mitgebrachten Proviant verzehren — meist unter den unfreundlichen Blicken des Hüttenwirtes. Als Alpenvereinsmitglieder haben Sie aber auch Anspruch auf das sogenannte »Teewasser«, womit Sie Getränke selbst zubereiten können. Die meisten Hütten sind nicht ganzjährig, sondern nur zu bestimmten Zeiten bewirtschaftet. Auskünfte darüber geben die Hüttenverzeichnisse der alpinen Vereine. Fragen Sie aber besser auch noch vor Antritt der Bergfahrt im Tal nach, ob die Hütte auch wirklich geöffnet ist.

Hütten in besonders bekannten Berggebieten (Wilder Kaiser, Dolomiten, Brenta etc.) sind an Wochenenden, über Feiertage und in den Ferien- bzw. Urlaubsmonaten meist überfüllt. Deshalb empfiehlt sich frühzeitige Anmeldung, vor allem bei länger vorgesehenem Aufenthalt, besonders aber in Begleitung von Kindern.

Der Hüttenwirt macht Sie mit den

Ratschlag:
Geben Sie vor Aufbruch zur Tour dem
Hüttenwirt (oder einer vertrauenswürdigen
Person im Tal) über folgende
fünf Punkte Bescheid:
- **Ziel der Wanderung,**
- **geplanter Weg für Auf- und Abstieg,**
- **voraussichtliche Dauer,**
- **beabsichtigte Rückkehr (Zeit und Ort),**
- **nächste Übernachtungsstätte**

Hüttenregeln vertraut. Vergessen Sie auf keinen Fall, Name, Wohnort und nächstes Ziel im Hüttenbuch einzutragen.

Biwakschachteln sind weniger für Wanderer (außer natürlich in Notfällen), sondern mehr für Kletterer und Hochalpinisten gedacht, die für mögliche Wetterstürze entsprechend ausgerüstet sind.

Literaturhinweise

Dumler, Helmut: Bergsteigen. Busse Verlag, Herford 1977.

Eidenschink, Otto: Richtiges Bergsteigen. Die Technik im Fels. Bruckmann, München 1973.

Erbertseder, Albert, Dr. med.: Gesundheit und Bergsteigen. Bergverlag Rother, München 1974.

Kosch, Alois: Was find' ich in den Alpen. Frankh'sche Verlagshandlung, Stuttgart 1961.

Münch, Helmut: Bergsteigerregeln für Berg-wandern und Skilaufen, DJH-Selbstverlag 1977.

Paulcke/Dumler: Gefahren der Alpen. Bergverlag Rother, München 1974.

Pauli, Rainer: Skilauf jenseits der Pisten. Busse Verlag, Herford 1973.

Schneider, Adolf: Wetter und Bergsteigen. Bergverlag Rother, München 1975.

Seibert, Dieter: Bergsteiger-ABC. Bergverlag Rother, München 1974.

Weller/Neureuther: Notfälle in den Bergen. Thieme, Stuttgart 1967.

Reihe Urlaub & Freizeit

Unsere Bücher erhalten Sie in jeder guten Buchhandlung

Bussesche Verlagshandlung GmbH · 49 Herford